Mitología Griega

Una guía completa de los increíbles mitos y leyendas de los dioses, héroes y monstruos griegos

Joshua Brown

Copyright 2022 - Todos los derechos reservados.

El contenido de este libro no puede ser reproducido, duplicado o transmitido sin la autorización directa por escrito del autor o del editor.

Bajo ninguna circunstancia se podrá culpar o responsabilizar legalmente al editor, o al autor, por cualquier daño, reparación o pérdida monetaria debida a la información contenida en este libro. Ya sea directa o indirectamente.

Aviso legal:

Este libro está protegido por derechos de autor. Este libro es sólo para uso personal. No se puede modificar, distribuir, vender, utilizar, citar o parafrasear ninguna parte, ni el contenido de este libro, sin el consentimiento del autor o del editor.

Aviso de exención de responsabilidad:

Tenga en cuenta que la información contenida en este documento es sólo para fines educativos y de entretenimiento. Se ha hecho todo lo posible por presentar una información precisa, actualizada, fiable y completa. No se declaran ni se implican garantías de ningún tipo. Los lectores reconocen que el autor no se dedica a prestar asesoramiento legal, financiero, médico o profesional. El contenido de este libro procede de diversas fuentes. Por favor, consulte a un profesional con licencia antes de intentar cualquier técnica descrita en este libro.

Al leer este documento, el lector acepta que, bajo ninguna circunstancia, el autor es responsable de cualquier pérdida, directa o indirecta, en la que se incurra como resultado del uso de la información contenida en este documento, incluyendo, pero no limitándose a, - errores, omisiones o inexactitudes.

Índice de contenidos

Introducción

Capítulo 1: El mundo griego

    La Edad Heroica
    El periodo clásico
    La época helenística

Capítulo 2: Al principio

    La creación del mundo
    Los titanes y los olímpicos
    La caja de Pandora
    Atlas y Prometeo

Capítulo 3: Dioses y diosas griegos

    Los dioses del Olimpo
        Zeus
        Apollo
        Poseidón
        Hera
        Atenea
        Afrodita
        Ares
        Hefesto
        Hades
        Demeter
        Dionisio
        Hermes
        Artemis
        Hestia
    Los celos de Hera

    Hefesto y Afrodita
    Ninfas y otras criaturas

Capítulo 4: Los hijos de los dioses

    Los hijos de Zeus
    Dioses y semidioses
    El nacimiento de Heracles
    Las Amazonas

Capítulo 5: Teseo y otros héroes

    Las aventuras de Teseo
    Las aventuras de Perseo
    Jasón y los Argonautas

Capítulo 6: Cuentos de Zeus

    Zeus y Ganímedes
    Zeus y Leda
    Zeus y Leto

Capítulo 7: Cuentos de Apolo

    Los hijos de Apolo
    Apolo y Casandra
    El Oráculo de Delfos
    Laocoonte
    Apolo y Jacinto

Capítulo 8: Los doce trabajos de Heracles

    Primer trabajo: El León de Nemea
    Segundo Trabajo: La Hidra de Lernea
    Tercer trabajo: El jabalí de Erymanthus
    Cuarto Trabajo: La cierva de Ceryneia
    Quinto Trabajo: Los pájaros de Stymphalian
    Sexto Trabajo: Los establos de Augean
    Séptimo Trabajo: El Toro Cretense

    Octavo Trabajo: Los caballos de Diomedes
    Noveno Trabajo: La faja del Amazonas
    Décimo Trabajo: El ganado de Geryon
    Undécimo Trabajo: El robo de Cerberus
    El duodécimo trabajo: Las manzanas de las Hespérides

Capítulo 9: Cuentos ligeros de dioses y héroes griegos

    Edipo y sus hijos
    Artemisa y Acteón
    El mito de Aracne
    Cupido y Psique

Capítulo 10: La guerra de Troya

    El juicio de París
    Ifigenia en Aulis
    Aquiles y Patroclo
    La muerte de Aquiles
    Las secuelas: Agamenón y Clitemnestra

Capítulo 11: Veinte datos esenciales sobre el mito y la leyenda griegos

    Primer hecho: Hades no se contaba entre los olímpicos.
    Segundo hecho: Los textos más antiguos que detallan los dioses de la Antigua Grecia son la Ilíada y la Odisea.
    Tercer hecho: Hades no sólo era el nombre del dios del inframundo, sino también del propio inframundo.
    Hecho cuatro: Antes de los dioses olímpicos, estaban los titanes.
    Hecho cinco: Los dioses olímpicos derrocaron a los titanes para convertirse en gobernantes del universo.

Hecho seis: Zeus y sus hermanos echaron a suertes quién controlaría cuál de los tres reinos del universo.

Hecho siete: Hera no fue la primera esposa de Zeus.

Hecho ocho: La lista exhaustiva de los olímpicos es objeto de debate, ya que algunos cuentan con Hestia entre el número, mientras que otros cuentan con Dionisio.

Noveno hecho: Los romanos tomaron la mayoría de sus dioses del panteón de dioses y diosas griegos.

Hecho diez: La mayoría de las ciudades griegas tenían su templo principal dedicado a su dios patrón, pero también habría otros templos dedicados al resto de divinidades.

Hecho once: Zeus ganó una apuesta cuando Tiresias consideró que él tenía razón sobre el sexo y no Hera. (La diosa lo dejó ciego como castigo).

Hecho doce: Hestia fue el primero de los dioses olímpicos en nacer.

Hecho trece: Hoy en día, Cupido o Eros se representa a menudo como un niño, pero originalmente se le describía como un joven apuesto.

Hecho catorce: Tanto Apolo como Helios eran técnicamente dioses del sol.

Hecho quince: Tanto Artemisa como Selene eran diosas de la luna.

Hecho dieciséis: Zeus era conocido por disfrazarse cuando cortejaba a sus intereses amorosos.

Hecho diecisiete: El Oráculo de Delfos daba sus profecías en forma de respuestas crípticas a preguntas.

- **Hecho dieciocho:** Se podría decir que fue Eris la responsable de la Guerra de Troya, no Paris.
- **Hecho diecinueve:** La mitología griega se practicaba en regiones fuera de las fronteras de la Grecia actual.
- **Hecho veinte:** Gran parte de nuestra información sobre la mitología griega no procede de los griegos, sino de los romanos.

Lista de dioses griegos y otros personajes

Preguntas frecuentes

Conclusión

Introducción

La mitología griega es una de las grandes mitologías del mundo. Los relatos de dioses y héroes griegos han inspirado a innumerables generaciones en el mundo occidental, y esta tendencia no da señales de ceder. Estos mitos incluso inspiraron a los antiguos griegos a ser mejores de lo que solían ser, aunque los dioses no siempre dieran el mejor ejemplo. Hoy en día, la mitología griega se enseña en las escuelas como parte de la introducción a Occidente. ¿Por qué? Hay varias razones, pero la lucha contra los caprichos de la vida y la aparente inconstancia de los dioses encarnaron de tal manera la experiencia griega que hicieron de su mitología casi una representación de la experiencia humana. En la mitología griega se encuentran los fundamentos del arte, la literatura y la filosofía occidentales.

Por supuesto, para los griegos, su mitología era simplemente la forma en que el mundo era. Los dioses podían ser volubles y poco amables, y la vida también. Las experiencias cotidianas estaban a menudo plagadas de calamidades que parecían ir en contra de la razón, y esto también era cierto para los héroes y los personajes mitológicos que tendrían sus historias contadas en el drama.

Para nosotros, Edipo puede parecer un personaje extraño e insondable, pero para los griegos era el hombre mismo, agobiado por los males que caracterizaban la vida de los hombres en la Tierra.

Este abismo entre la vida antigua y la actual es parte de lo que hace que el estudio de la mitología sea tan interesante. Cuando uno se toma el tiempo de conocer a los dioses y diosas de un pueblo extranjero, no sólo aprende quiénes eran y por qué eran, sino que incluso puede llegar a vislumbrar quién es usted. El drama de tu vida se desarrolla en formas que habrían sido comprensibles para la gente del pasado, aunque a veces no lo sean para ti.

En *Mitología griega: Una guía más profunda de los increíbles Mitos y Leyendas de los Dioses, Héroes y Monstruos Griegos* se le presentarán los relatos y personajes formativos del mito griego. Esta introducción le permitirá comprender cómo entendía y experimentaba el mundo un pueblo que vivió hace más de dos mil años. Puede que estas personas fueran diferentes a ti, pero se puede afirmar que los fundamentos de la vida no han cambiado mucho en dos mil años (si es que lo han hecho). Los seres humanos siguen experimentando los mismos amores, rabias y decepciones que entonces. Este tipo de emociones quedaron bien encapsuladas en la leyenda griega, que a menudo adopta la forma de un elaborado drama.

A decir verdad, el drama es la mejor manera de describir el mito y la leyenda griegos. Quizá por eso los griegos fueron los inventores del drama tal y como lo entendemos hoy. Las relaciones entre los dioses, y entre los dioses y los mortales, solían tener un carácter emocional que rara vez se encuentra en otras mitologías. Los dioses griegos eran celosos y vengativos. Amaban y odiaban. Proyectaban sus frustraciones en los demás. En *Mitología griega: Una guía más profunda de los increíbles mitos y leyendas de los dioses, héroes y monstruos griegos,* conocerás los amores de Zeus y de Apolo, y los celos de Hera y Marte. Estos dioses representaron sus emociones de forma muy humana.

Pero algunos de los personajes más interesantes son los humanos. Pocos relatos son tan sorprendentes como el de Teseo y el Minotauro. También está el amor de Teseo por Ariadna y Fedra. Por supuesto, estaban Perseo y Andrómeda, y la madre de Andrómeda, Casiopea, que estaba situada entre las estrellas. Los griegos conocían muy bien la historia de cómo Perseo mató a la Gorgona, Medusa. Eran historias que los niños de la época conocían bien, al igual que los niños de hoy pueden contar las hazañas de sus personajes de dibujos animados favoritos.

Naturalmente, Heracles era un personaje sobre el que los griegos escribían a menudo. Sus hazañas se representaban en los teatros de sus ciudades y pueblos grandes. Sus trabajos se representaban en las fiestas religiosas como una especie de recordatorio de que la vida era más dura para los grandes. Los doce trabajos de Heracles, de hecho, parecían ser otra representación de la vida misma, encarnando la realidad de que la vida era una lucha constante y que a veces se perdía. Quizás todas las mitologías tenían este mensaje subyacente.

Todo el mundo que lee *Mitología griega: Una guía más profunda de los increíbles mitos y leyendas de los dioses, héroes y monstruos griegos* para aprender sobre los mitos y leyendas griegos tiene su propia razón para hacerlo. Algunos leen porque esperan comprender mejor cómo pensaban, percibían y vivían los pueblos del pasado. Leer sobre el mito griego permite comprender de esta manera porque la exploración del mito es prácticamente un viaje a la mente de otro. Cuando uno piensa en el gran compendio que es la mitología y en todos los hombres cuyas palabras y formas de contar historias contribuyeron a este mito y a esta leyenda, parece realmente la mente de muchos otros. Las mitologías son creadas por los hombres, por las personas, y dan una fuerte indicación de la manera en que esas personas perciben el mundo.

Lo que uno aprende del mito griego es que los antiguos griegos veían el mundo como algo lleno de cosas buenas y malas. Veían al hombre en una lucha constante consigo mismo. El hombre amaba demasiado y este amor a menudo le metía en problemas, problemas de los que no era fácil escapar (basta con preguntar a Zeus). El hombre luchaba contra el destino y, al hacerlo, provocaba que ese destino se hiciera realidad. Parecía que el Hombre estaba destinado a ser siempre engañado en sus intentos de paz, y muchos mitos griegos (si no la mayoría) parecen terminar infelizmente. Pero entonces leemos sobre Odiseo y cómo consiguió volver a casa con su esposa Penélope, demostrando que la lealtad -la lealtad que los dos se tenían- fue recompensada por los dioses.

Eso es la mitología griega, más que otras mitologías. Es un compendio de lecciones que enseñan a los hombres a enfrentarse a los duros acontecimientos del mundo. Recuerda que los griegos no vivían en tierras fértiles. Crearon su civilización sobre piedras y laderas de montañas. Crearon ciudades a partir de los escombros, polos que abrazaban los mares y las vías fluviales que colindaban con el Mediterráneo. Los griegos estaban sometidos a los caprichos del clima y a la ira del mar. Tuvieron que aprender a lidiar y entender un mundo que a menudo era cruel o perecer si no lo hacían.

Pero los griegos no perecieron. Volvieron su rostro hacia los dioses que eran como ellos. Aprendieron a desenvolverse en un mundo que a menudo les resultaba inhóspito y hostil. Lucharon contra los persas en las Termópilas y en Maratón y ganaron. Incluso lucharon entre ellos: a veces ganando, a veces perdiendo. Estos son los pueblos cuyo sistema de creencias y modo de vida se recogen en los mitos y leyendas que nos han llegado hasta hoy.

En Mitología Griega, aprenderás quiénes eran estos antiguos pueblos. Aprenderás a empatizar con ellos, aunque lleven miles de años muertos. Esto implicará amar de la forma en que ellos amaban, y sentir la rabia tal como ellos podrían sentirla. Comprenderás las decepciones de Edipo, Atlas y Prometeo porque tú también las sientes. Te identificarás con la rabia de Hera por Io, y sentirás la sorpresa que sintió Zeus cuando Atenea estalló completamente de su cabeza. Esto es lo que significa sumergirse en el mito griego.

Esta emersión es algo que los romanos entendieron bien. El mito romano es realmente el mito griego, aunque los romanos mantuvieran los ídolos de sus dioses originales encerrados en lo más profundo de sus armarios. Los romanos tomaron la mayor parte del mito griego y lo hicieron suyo durante cientos de años.

De hecho, los romanos adoptaron el griego tan pronto en su historia que es casi imposible saber con precisión cuándo comenzó este proceso. Los dioses griegos recibieron nombres romanos. Zeus se convirtió en Júpiter y Hera en Juno. Ares se convirtió en Marte y Afrodita en Venus. Los romanos incluso incorporaron el mito griego a su propia historia, describiéndose como descendientes de Eneas después de que éste abandonara Troya.

Es importante entender esta historia porque está al acecho en los mitos y leyendas que nos han llegado. Aunque no siempre vemos la mano del historiador cuando leemos el relato mitológico, la mano está ahí. Un historiador hábil entenderá cómo la historia puede haber cambiado con el tiempo. Puede percibir que Afrodita no se originó con los griegos, sino que comenzó como Astarté e Ishtar en el Cercano Oriente. Se dan cuenta de que Dionisio llegó riendo y cantando desde las colinas del norte de Grecia. El historiador puede ver cómo dos personajes o dioses legendarios se convirtieron en uno solo a medida que la civilización avanzaba.

Por esta razón, comenzamos nuestro estudio del mito y la leyenda griegos explorando el mundo de los griegos. Para entenderlos, es necesario conocer lo que los formó: conocer la tierra donde unos antepasados surgieron autóctonos y donde otros conquistaron y esclavizaron.

De hecho, la historia de los griegos está plagada del legado de esta conquista, especialmente cuando se examina a los espartanos, que básicamente vivían como conquistadores en una tierra que habían ganado por la fuerza. Esta breve exploración del mundo griego se llevará a cabo en el primer capítulo.

Como todas las mitologías, la griega tiene sus mitos fundacionales. Son las historias formativas sobre los dioses, los gigantes y los monstruos que existían en la época del comienzo del mundo. Algunos conocerán la historia de la caja de Pandora. Otros habrán oído las historias de Prometeo y Atlas. Estas historias, más que ninguna otra, dan una idea de la forma en que los griegos percibían su mundo, así que empezaremos por aquí. Este estudio se llevará a cabo en el segundo capítulo.

En el centro de todo sistema de mitos y leyendas están los propios dioses. Algunas religiones creen que el hombre ha sido creado a imagen y semejanza de Dios, mientras que otras creen que los dioses crearon al hombre porque estaban aburridos.

Sea cual sea la línea que adopte la religión en cuestión, un repaso a los dioses dará una idea de la gestalt de la religión: el tempo del sistema de creencias. El ritmo de la creencia griega es uno que late rápidamente como los latidos del corazón. Es el sonido de una vida que se ha vivido en el presente. Los dioses del mito griego son en gran medida criaturas del presente y su historia se contará en el tercer capítulo.

Es la historia de los muchos amores de Zeus. Es la historia de los grandes celos de Hera. Además, hay muchos otros relatos. Como en otras mitologías, el grupo principal de dioses griegos tuvo que derrocar a los dioses que les precedieron. Esta fue la guerra entre los olímpicos y los infames titanes. En la mitología griega, el objetivo es que el lector comprenda quiénes eran los griegos aprendiendo lo que creían. Una parte de esto implica entender qué dioses veneraban y cuáles temían. Los dioses de la guerra no eran tan importantes para los griegos como para los nórdicos. La comprensión de esta dimensión del tema se examinará también en el tercer capítulo.

En muchas mitologías, los hijos de los dioses ocupan un lugar especial, luminal. A menudo no son ni dioses ni mortales. En el mito griego, se les suele denominar semidioses, un reconocimiento tácito de que eran más que simples mortales. En el cuarto capítulo, exploraremos el lugar que ocupaban estos hijos de los dioses y cómo su lugar en la religión de la Antigua Grecia no era el mismo que en otros sistemas de creencias religiosas.

Los héroes ocupan un lugar fundamental en toda mitología. Los héroes representan, más que ningún otro, el papel del oyente. La mayoría de los relatos mitológicos eran historias que se contaban de forma parecida a los chismes, sólo que los narradores solían ser hombres que ejercían un oficio en lugar de limitarse a contar cuentos.

La historia tenía un objetivo, y cuando se examinan las historias de los héroes se aprende cuál es ese objetivo. Las historias de los héroes pretendían enseñar lecciones de vida, y al escuchar las historias de Teseo, Perseo, Aquiles y otros aprendemos el tipo de lecciones que los griegos consideraban importante enseñar.

Como rey de los dioses olímpicos, Zeus presidía el panteón griego. También era el dios del cielo y padre de otros dioses, como Apolo, Atenea, Hermes y Artemisa. Zeus era el centro de muchos cuentos, ya que a menudo era la mano invisible que impulsaba a un héroe hacia esto o aquello. Pero, en ocasiones, Zeus desempeñaba el papel de protagonista. En el sexto capítulo, conoceremos los cuentos de Zeus, la mayoría de los cuales giran en torno a los numerosos amores que mantuvo con los mortales.

Apolo fue otro de los dioses griegos que sirvió como elemento importante del mito. De hecho, el culto a Apolo era tan importante que tenía su propio oráculo, el Oráculo de Delfos, que era considerado el más importante del mundo griego. Apolo, dios del sol, también era guapo de otro mundo, por lo que muchos de sus cuentos también giran en torno al amor. Muchos de ellos sí, pero no todos, ya que Apolo estaba asociado a la moderación. En Apolo, los griegos encapsularon muchos de sus ideales sobre la hombría, al igual que los nórdicos hicieron con Thor.
Las historias de Apolo se exploran en *Mitología griega: Una guía más profunda de los asombrosos Mitos y Leyendas de los Dioses, Héroes y Monstruos Griegos* para desarrollar una imagen de este dios y de lo que significaba para quienes lo adoraban.

Heracles es uno de los personajes más importantes del mito y la leyenda griegos. Encarnaba la fuerza bruta, aunque, como Apolo, también representaba la masculinidad. Algunas de las grandes esculturas de la época griega representaban a un Heracles musculoso y poderoso, un semidiós al que los romanos conocían como Hércules. Aunque el nombre romano es el más famoso, la tierra de este semidiós era Grecia y casi todos los relatos de su vida se desarrollan en tierras griegas. En el capítulo ocho, examinaremos los doce trabajos de Heracles y la declaración que hicieron sobre las luchas del hombre.

Hay muchos otros personajes cuyas historias deben ser examinadas para obtener la imagen completa del mito y la leyenda griegos. Entre ellos está Edipo, un nombre que se ha hecho famoso por la tragedia griega. En el noveno capítulo examinaremos los relatos de otros personajes del mito griego. Aunque no todos deben calificarse de ligeros, estos relatos más ligeros se centran a menudo en el Hombre y su arrogancia contra los dioses, más que en el desbordamiento del conflicto divino en el ámbito del Hombre.

Ninguna historia encarna este desprendimiento de los dioses que la historia de la guerra de Troya.

Contada en la Ilíada, la primera obra larga de ficción en Europa, esta historia resume la historia de los griegos como pocas historias pueden resumir a un pueblo. Es la historia de cómo los griegos lucharon contra los troyanos e incluso se volvieron unos contra otros, todo por el amor de una mujer: la más bella del mundo. Era Helena de Troya, esposa del rey de Esparta, y fue llevada por el bello Paris a su reino natal de Troya, en la actual Turquía. En el décimo capítulo, descubrirás la historia de héroes más épica jamás escrita.

La antigua Grecia sigue existiendo a tu alrededor. Lo ves en los edificios gubernamentales que están diseñados para recordar a Grecia y Roma. Se ve en el llamado sistema griego de los colegios y universidades. Y es evidente de muchas maneras en la cultura popular, especialmente en el cine, la literatura y la televisión. La antigua Grecia está tan viva hoy como hace tres mil años. La pregunta importante que hay que hacerse es por qué. Cuando termine de leer Mitología Griega, habrá aprendido la respuesta a esa pregunta.

Capítulo 1: El mundo griego

Los antiguos griegos eran en gran medida un producto de su entorno. Se beneficiaron de los frutos que le ofrecía el mar Mediterráneo, surcando esta bendita vía de agua con sus trirremes. Colonizaron la costa de Asia Menor y el sur de Italia, extendiendo sus creencias y su modo de vida a las costas lejanas. Su sociedad se enriqueció con el tiempo, llegando a ser avanzada en ciencia y filosofía. Pero los griegos nunca dejaron de buscar la guía de los dioses, pues era su religión la que los hacía griegos. Sócrates aprendió lo que podía ocurrir cuando uno se alejaba demasiado de los caminos divinos.

Pero, en su mayor parte, los dioses veían con buenos ojos las actividades de sus súbditos. Aprobaban los esfuerzos de colonización; ciertamente aprobaban los enormes templos erigidos por todo el mundo griego. Probablemente, incluso aprobaban las divagaciones filosóficas, siempre que no cuestionaran el lugar primordial de los dioses. De hecho, la historia griega parecía ser una lección sobre cómo los dioses siempre tenían razón. Cuando se desafiaba su autoridad, cuando se apuntaba demasiado alto, se corría el riesgo de que todo se viniera abajo.

En este primer capítulo, haremos un breve repaso de la historia de Grecia, teniendo en cuenta la religión griega.

A medida que los griegos estuvieron expuestos a los pueblos extranjeros, ciertamente adoptaron nuevos dioses, un nuevo lenguaje sobre la religión y nuevas formas de culto. La sociedad griega siempre estuvo en movimiento, y los dioses tuvieron que encontrar la manera de integrarse en esa dinámica. Aquí trataremos brevemente las principales épocas de la historia griega: La Edad Heroica, el Período Clásico y la Edad Helenística.

La Edad Heroica

Todavía se discute quién escribió la Ilíada, una de las obras más famosas, y sin duda una de las más importantes, de la literatura mundial. Los historiadores han atribuido esta obra a un hombre llamado Homero, pero se ha propuesto que esta gran obra fue escrita por varios autores en torno al siglo IX antes de Cristo. Como mínimo, esta obra fue recopilada alrededor de esa época y se refería a acontecimientos que habían tenido lugar unos tres siglos antes.

Por supuesto, ahora podemos decir que al menos una parte de la guerra de Troya -el tema de la Ilíada- parece ser cierta, pero esa afirmación no podía hacerse hace dos cortos siglos. El trabajo de Heinrich Schliemann, empresario y arqueólogo alemán, permitió reescribir los libros de historia. Troya dejó de ser un mito. Era una ciudad real que existió en la costa de Asia Menor. Los hallazgos de Schliemann revelan que Troya fue la mayor ciudad de la región durante su apogeo, hace más de 3000 años. Esto situaría la grandeza de Troya -una ciudad cuya destrucción fue ordenada por los dioses- en unos pocos cientos de años antes de lo que se cree que vivió Homero.

Esta fue la Edad Heroica o Arcaica de Grecia. Es la Grecia anterior a la explosión de cultura artística que nos ha llegado en forma de cuencos, esculturas y arquitectura exquisitamente decorados. Es la Grecia anterior a las filosofías de Platón y Sócrates, a las historias de Tucídides y Jenofonte y a las obras de teatro de Esquilo. Esta era la Grecia de una época en la que los dioses eran todavía muy reales. Bajaban de las alturas del Olimpo para interferir en la vida de los hombres. Dirigían los acontecimientos para su propio placer y, a menudo, en detrimento del hombre.

Troya era técnicamente una cultura no griega, pero quedan suficientes restos en el mundo griego para atestiguar lo que los propios griegos construyeron.

Los restos de la Argólida y Creta dan cuenta de una cultura vibrante en la que los hombres y mujeres vivían en ciudades de gran tamaño. Estaban gobernados por reyes y dejaban elaboradas tumbas. Esto era diferente de la Grecia del periodo clásico. Los griegos clásicos vivían principalmente en oligarquías, aunque hubo algunas democracias notables en Atenas y otros lugares. La Edad Heroica de Homero fue el período que los griegos posteriores consideraron como la edad de sus héroes. Para ellos, Aquiles, Teseo, Heracles y otros eran hombres que realmente vivieron, y vivieron durante esta época.

Lo que es importante que el estudiante de mitos y leyendas sepa es que los griegos dejaron pocos registros escritos de esta época. Esto se debe probablemente a varias razones. Fue una época no sólo de guerra, sino de consolidación cultural. La sociedad griega estaba en proceso de formación en una forma que sería reconocible para nosotros hoy en día. En realidad, los griegos estaban compuestos por varios grupos diferentes que se conocían colectivamente como helenos o griegos. Algunos de estos grupos descendían de los primeros habitantes de la tierra, mientras que otros descendían de los invasores.

Los griegos de la época clásica se consideraban a sí mismos compuestos por tres grandes divisiones: los dorios, los jonios y los eolios. Cada grupo hablaba un dialecto del griego y tenía tradiciones que los distinguían como dorios o jónicos.
Por ejemplo, las sociedades dóricas dividían su grupo en un número determinado de tribus, mientras que los jonios tenían un número diferente. Los espartanos eran dorios, mientras que los atenienses eran jonios. Esto significaba que los espartanos descendían de invasores relativamente recientes, mientras que los atenienses descendían de colonos de una época muy anterior. Estas divisiones eran muy reales.

Por ejemplo, los dioses masculinos solían ser más populares entre los dorios, como los espartanos y los corintios, mientras que los grupos más antiguos veneraban a los dioses femeninos o de origen muy antiguo. Esta dicotomía entre un panteón centrado en los hombres y el culto geocéntrico es algo subliminal, pero está ahí. Es evidente para quienes prestan atención que había varias divinidades femeninas importantes en el panteón griego, lo que contrasta con otras mitologías en las que puede haber una o dos. Los griegos tenían a Atenea, Hera, Artemisa, Afrodita y otras, lo que sugiere un panteón en el que algunos dioses eran más antiguos que otros.

También había diferencias prácticas entre los distintos grupos de Grecia. Además de algunas diferencias de idioma, los griegos podían formar alianzas en función del grupo histórico al que pertenecían.
Así, los griegos jónicos pueden aliarse con los dorios, como los espartanos, o pueden compartir fiestas religiosas. Incluso pueden reivindicar a un personaje mitológico como sus antepasados, como Heracles o Aquiles.

El legado de la invasión en la Edad Heroica persistió en los periodos clásico y helenístico. Los espartanos eran conscientes de que eran invasores que habían subyugado a los mesenios y arcadios que les habían precedido, convirtiéndolos en he lotas y esclavos. Un día, estos pueblos subyugados derrocarían a sus conquistadores dorios, convirtiendo a Esparta de potencia griega en un remanso despoblado.

El periodo clásico

El periodo clásico representa el apogeo de la civilización griega. Fue una época dorada del arte, la literatura y prácticamente todas las formas de vida cultural. Durante esta época, los griegos vencieron a sus enemigos y extendieron su influencia a la mayoría de las regiones del Mediterráneo. El mar Mediterráneo podría haberse convertido en un lago griego y no romano si no fuera por la propensión de los griegos a guerrear entre ellos. Mientras que los romanos eran buenos para asimilar a sus enemigos, los griegos eran buenos para... bueno, permanecer divididos hasta que esta división acabó por destruirlos.

Uno de los acontecimientos más importantes de la Edad Heroica o Arcaica fue la colonización de gran parte del Mediterráneo. Esta colonización fue muy significativa porque dio lugar a que la cultura y los dioses griegos fueran adoptados por los romanos. El panteón romano de dioses es esencialmente griego con la adición de algunos personajes periféricos que nunca llegaron a desarrollar una historia. La cultura romana, por tanto, tiene un fuerte trasfondo de la cultura griega que la precedió. Incluso la historiografía romana continúa el trabajo de los historiadores griegos que llegaron primero.

A primera vista, el periodo clásico parece ver una disminución gradual de la influencia de los dioses, pero la realidad es mucho más compleja. Los griegos vivían con miedo a sus divinidades. Aunque el drama griego parece sugerir que los dioses eran volubles y muy humanos, los griegos sabían que no debían enfadarlos. Enfadar a los dioses bastaría para que una ciudad-estado o un pueblo se derrumbara, un destino que fueron lo suficientemente sabios como para tratar de evitar.

De hecho, los dioses casi adquirieron una connotación política. La gloria de Atenas contribuyó a la gloria de Atenea. Los atenienses erigieron monumentos a sus dioses y héroes, como el Partenón, el Eretheum y el llamado Theseum.
Esto ocurrió en todo el mundo griego. Los argivos construyeron monumentos a Hera y los efesios a Artemisa. En cierto modo, el periodo clásico vio un aumento de los monumentos a los dioses, incluso cuando la sociedad se volvió en cierto modo más secular. Fue casi una especie de Contrarreforma que se produjo minuciosamente en todas las ciudades-estado.

Por supuesto, muchas de estas ciudades construyeron este tipo de monumentos después de la Guerra de los Persas, cuando las ciudades competían por la influencia en el recién liberado mundo griego. Esto es ciertamente lo que hizo Atenas. Atenea se convirtió no sólo en una diosa importante en general, sino en el símbolo de la preeminencia de Athenai, la ciudad de Atenea. Su sabiduría era la suya. Parecía natural que las obras de teatro, el arte y la literatura florecieran, aunque hubiera un elemento subversivo o sacrílego. Ese elemento siempre podía ser purgado, como ocurrió en la época de Sócrates, cuando la República ateniense estaba en su punto más bajo.

De hecho, hay otro punto a explorar: un concepto muy importante en la mitología griega. Los dioses griegos eran dioses de repúblicas y de reinos. Eran las divinidades de las ciudades-estado griegas, así como de los reinos de Macedonia y Epiro. Los dioses son conservadores por naturaleza, pero los dioses griegos parecían ser un poco más librepensadores. Parecía que los dioses griegos también habían creado al hombre a su imagen y semejanza. Pasara lo que pasara, los dioses griegos seguirían siendo característicamente griegos.

¿Qué significaba eso? La respuesta a esta pregunta se haría más evidente a medida que la civilización griega fuera decayendo. Por supuesto, nunca desapareció del todo, ya que los romanos la continuaron, pero políticamente los griegos nunca serían los mismos una vez que Alejandro entró en escena.

La derrota de los persas en el siglo V dejó un vacío de poder que había que llenar. Atenas, como uno de los dos estados griegos preeminentes durante las guerras persas (el otro era Esparta), se levantó para llenar el espacio formando la Liga Délfica a partir de los estados jónicos que ahora eran libres. Se llamó Deliana porque se centró en la isla de Delis. Se convirtió en un imperio ateniense en todo menos en el nombre, y la rivalidad entre Atenas y Esparta acabó desembocando en una guerra, la Guerra del Peloponeso, que duraría casi 30 años.

Esto se extendió a las colonias griegas de la Magna Grecia, presagiando el eclipse de la Grecia propiamente dicha por las fértiles colonias del oeste, como Siracusa y Tarento, ciudades que aún existen en la actualidad. Como la mayoría ya sabe, Atenas fue derrotada en esta guerra, lo que llevó a la formación de un gobierno conservador.

La Grecia liderada por los espartanos duró poco, ya que no contaban con la maquinaria propagandística y el atractivo de masas que podía reunir Atenas.

Tebas se levantó brevemente, pero, al final, los griegos serían invadidos por un pueblo tribal del norte, los macedonios, un gran acontecimiento que acabaría suponiendo el principio del fin de los dioses griegos.

La época helenística

Los dioses griegos nunca parecían tener problemas con la guerra. Su preocupación parecía ser siempre que sus altares se mantuvieran encendidos y que sus sacrificios no fueran olvidados. Pero sería una propensión demasiado grande a la guerra lo que acabaría por meter a los griegos en problemas. Una Grecia siempre en guerra era una puerta abierta perfecta para que entrara un forastero bien organizado. En este caso, se trataba de Macedonia, liderada por el tuerto rey Filipo.

Filipo de Macedonia fue el padre de Alejandro Magno. El mundo era demasiado pequeño para él, así que lloró cuando se dio cuenta de que no quedaban más mundos que conquistar. Alejandro, de entre todas las figuras históricas griegas, parece más una leyenda que una persona real. Era más grande que la vida, pero sería él quien significaría el principio del fin de los olímpicos.

¿Qué hizo Alejandro que estuvo tan mal? Alejandro se dio cuenta de que los griegos y los macedonios tendrían que convivir con los persas, los egipcios y otros, y eso significaba que habría que hacer un pequeño intercambio cultural.

Eso significaba algo más que el mestizaje. Significaba que los griegos tendrían que acostumbrarse a dioses como Isis, Osiris y otros. Bastante simple. Siempre hubo espacio para más dioses en el Monte Olimpo. El problema surge cuando esos dioses tienen un carácter diferente. Los dioses orientales y africanos eran las divinidades de los autócratas, no de los hombres libres. De hecho, como la democracia griega murió

con el ascenso de Alejandro, también lo harían los propios dioses griegos.

Capítulo 2: Al principio

Todas las tradiciones mitológicas tienen historias de la creación. Estos mitos de la creación establecen el marco para el desarrollo de todo lo demás que se aprende. Así, el oyente escucha las historias de la creación del universo, de los titanes y los olímpicos, de la caja de Pandora y de Atlas, y aprende a interpretar todo lo que viene después. Este es esencialmente el papel de la mitología en las sociedades: ayudar a la gente común a entender cómo vivir en su mundo y relacionarse con los demás. Así, los hombres y las mujeres aprenden que no hay que enfadar a los dioses porque son propensos a la venganza y que también hay que apaciguar a los dioses para obtener lo que se quiere de ellos.

Aunque la mitología griega se considera a menudo el punto de referencia con el que se comparan otras mitologías, hay algunos aspectos únicos en el mito y la leyenda griegos que la distinguen. El panteón griego contaba con dioses masculinos y femeninos, ambos prominentes en el entramado del mito y la leyenda griegos. Los griegos hacían hincapié en otros, como los semidioses, las ninfas y las náyades, y los héroes, que parecían ocupar un lugar intermedio entre el dios y el hombre.

La creación del mundo

Los antiguos griegos creían que la vida surgía de la nada: el vasto vacío del espacio. De este abismo surgió Gea. Gea era la diosa de la tierra, la personificación del planeta. Gea dio a luz a dos hijos sin tener que aparearse. Estos hijos fueron Urano y Ponto. Gea también dio a luz a varios hijos que también eran monstruos. Pero el más joven de los hijos divinos de Gea fue Cronos, el más joven de los Titanes. Cronos fue en realidad engendrado por Urano, que era por tanto padre y hermanastro de Cronos.

Los hermanos de Cronos habían sido encarcelados en el Tártaro por Urano porque este dios se había disgustado con los hijos que había creado Gaia. Cronos atacó a su padre, liberando a los hijos monstruosos de Gea de su encarcelamiento en el Tártaro. Cronos se sintió orgulloso de haber derrocado a su padre y se convirtió en el nuevo rey de los dioses. Cronos tampoco quería a sus hermanos monstruos y los encarceló de nuevo en el Tártaro, lo que provocó la ira de su madre.

Durante esta época, nacieron los primeros humanos. Vivieron durante miles de años, manteniendo un aspecto juvenil. Durante este tiempo, la raza de los humanos se mezcló con los dioses, viviendo en relativa paz juntos.

También en esta época, Cronos se casó con su hermana Rea y tuvo varios hijos, entre ellos Deméter, Hades, Hestia, Hera, Poseidón y Zeus. Cronos llevaba una guadaña como arma y se le asociaba con la fertilidad y la cosecha.

Los titanes y los olímpicos

Cronos empezó a despreciar a sus hijos porque temía que un día lo derrocaran como había derrocado a su padre. Cronos resolvió el problema de la amenaza que suponían sus hijos comiéndoselos después de que cada uno naciera. Pero Rea logró salvar a su hijo menor. Le dio a su marido una piedra envuelta en pañales en lugar del niño que había nacido. Este niño era Zeus. Zeus fue llevado a Creta donde fue criado en secreto.

Zeus descubrió una poción que obligaba a Cronos a escupir los hijos que se había tragado. Cronos ya no temía ser derrocado, pues creía que todos sus hijos eran un dios. Zeus acudió a Cronos disfrazado de copero. Zeus le dio a su padre la poción, que provocó el vómito de Cronos. La piedra fue la primera en salir, seguida de Poseidón, Hades, Hera, Hestia y los demás. Fueron vomitados en el orden inverso al que habían sido seguidos.

Zeus temía que los Titanes acudieran en ayuda de Cronos. Cronos estaba débil a causa de la poción. Zeus bajó al Tártaro, donde liberó a sus dioses amigos. Entre ellos se encontraban los cíclopes. Zeus y sus hermanos fueron al Monte Olimpo donde se establecieron y conspiraron contra Cronos. Los cíclopes fabricaron armas para los dioses, como el tridente para Poseidón y el rayo para Zeus. Los Titanes fueron derrotados en la batalla, en parte debido a las poderosas armas que tenían. Como Atlas los había dirigido, fue castigado con tener que sostener el mundo sobre su espalda. Esta era una imagen común en el arte griego de la antigüedad.

Los Titanes fueron encerrados en el Tártaro y custodiados por monstruos. El universo se dividió entre los dioses. A Poseidón se le concedieron los mares y los océanos, mientras que a Hades se le concedió el inframundo, lleno de dioses derrotados y de humanos. Zeus era el gobernante del mundo y el rey de los dioses.

La caja de Pandora

La primera mujer se llamaba Pandora. Se dice que fue insuflada a la vida por el aliento del dios del fuego, Hefestos. Los dioses del Olimpo le otorgaron muchos dones, entre ellos el de la emoción, la capacidad de crear objetos con sus manos, con una fina atención al detalle, y el don del lenguaje.

De Zeus, Pandora recibió dos regalos adicionales: una naturaleza curiosa y una gran caja que se cerraba con fuerza. Pero a Pandora se le dijo que el contenido de la caja no era para los ojos humanos. ¿Era la curiosidad una bendición o una maldición?

Pandora se enamoró de Epimeteo, un Titán. Epimeteo era el hermano de Prometeo, que a su vez sería castigado por dar fuego a los humanos. Pandora se entusiasmó con lo que encontró en la Tierra. Era agradable pero ardiente e impaciente. Pandora no pudo resistir el impulso de abrir la caja. Sentía que el contenido de la caja ansiaba ser liberado. Empezó a obsesionarse con la caja. Sentía que la caja la llamaba: "Pandora, Pandora".
Pandora no pudo resistir el impulso de abrirla y abrió la caja para echar un vistazo al interior. Pero la caja se abrió y todos los monstruos y cosas malignas salieron volando. Zeus había utilizado la caja para atrapar aquellas cosas que traerían el mal al mundo. Pandora comenzó a llorar por el mal que había desatado en el mundo. Pandora abrió la caja de nuevo y vio salir un rayo de luz. Este rayo de luz era la esperanza y el corazón de Pandora se tranquilizó un poco por haber liberado esto en el mundo, también, para atenuar los efectos de lo que había hecho.

Atlas y Prometeo

Como ya se ha dicho, Atlas era el líder de los Titanes en su guerra contra los Olímpicos.

Atlas era el hijo de un tal Iapetus con Clymene. Atlas fue el único entre los titanes que no fue confinado al Tártaro, que parece ser el lugar donde los antiguos dioses exiliaban a todos los que eran derrotados o a los que simplemente no les gustaban o no querían ver mucho. El castigo de Atlas fue llevar sobre sus hombros el cielo hasta el final de los tiempos.

Prometeo era otro Titán, y posiblemente el hermano mayor de Atlas. Se dice que Prometeo era hijo de Iapetus de una mujer que podría ser Clymene. Era hermano de Epimeteo, que se casó con Pandora. Prometeo fue notable en el mito griego por varias razones. Algunos decían que era el creador del hombre. Lo más famoso (o quizás, más exacto) es que Prometeo fue quien dio el fuego a la humanidad. Para colmo de males, también enseñó a los hombres a utilizar el fuego que les había dado. Además, se dice que Prometeo también enseñó a los hombres otras artes, como la navegación oceánica, la medicina, la metalurgia, la escritura y la arquitectura.

Zeus se enfadó porque Prometeo había "robado" el fuego y se lo había dado a la humanidad. Por ello, el rey de los dioses tuvo que idear un castigo creativo. El castigo consistió en atar a Prometeo a una montaña, donde un águila se dedicó a picarle el hígado durante toda la eternidad.

Pero Prometeo se curaba cada noche, lo que significa que no podía morir y aliviarse de su dolor, sino que debía sufrirlo

continuamente de nuevo. Sería Heracles quien rescataría a Prometeo. Pero Zeus no había terminado con el Titán. Para castigar a la humanidad por su codicia, Zeus le dio a Pandora una caja llena de maldad y la envió al mundo, como ya hemos visto.

Capítulo 3: Dioses y diosas griegos

La mitología griega, más que cualquier otra tradición mítica, era realmente un drama de los dioses. Los dioses y diosas del mundo griego parecían personas, pero con mayor poder e influencia que los mortales. Sus vidas estaban llenas de los mismos dramas insignificantes de los mortales, y no dejaban de reñir entre ellos de forma muy humana. Pero los dioses eran dioses de todos modos, con el control del cielo, los elementos, las emociones y todo lo que correspondía a las deidades. Los dioses se aseguraban de que los mortales nunca olvidaran quiénes eran y por qué lo eran.

En este capítulo, se nos presentarán los dioses y diosas griegos, que ocupaban el centro del mito griego.

De hecho, incluso las historias que tenían un protagonista humano, como las leyendas de Perseo, Teseo, Jasón, Paris y otros: estos mitos parecían tratar tanto de los dioses como de los humanos, ya que siempre había un dios en el fondo motivando esto o aquello o interfiriendo en esto o aquello. Para entender el sistema de creencias de los antiguos griegos hay que entender a sus dioses. Los dioses griegos no eran como los dioses nórdicos. Parecían ser dioses del placer más que dioses de la guerra, y les gustaba relacionarse con los mortales e interferir en la trama de sus vidas. Quizá el mensaje era que había divinidad en todos los hombres o, al menos, que había cierta humanidad en los dioses.

Los dioses del Olimpo

Los dioses y diosas griegos residían en el monte Olimpo. El Monte Olimpo era un lugar real. Estaba situado en Tesalia, en el norte de Grecia, y debió parecer a los griegos un lugar probable para que vivieran los dioses. Grecia era un lugar donde había más montañas y lugares elevados que cultivables, y era natural que colocaran a su dios en el lugar más alto de esta parte del mundo. Esta montaña de cima blanca se cierne sobre Grecia, un lugar repleto de montañas, y era al Monte Olimpo al que miraban los omnipresentes pastores y pescadores de Grecia.

Por supuesto, Grecia también era una tierra de mares y marinos, pero los dioses responsables de esos asuntos también vivían en el Olimpo. Los dioses olímpicos no fueron los primeros dioses, como ya hemos visto. Los olímpicos sustituyeron a los titanes, los gigantescos dioses que les precedieron. Es interesante que muchas mitologías sitúen a los gigantes antes incluso que a los dioses. Los nórdicos hicieron lo mismo con sus Jotunn, los gigantes que fueron alimentados por la vaca del universo Audhumla incluso antes que los hijos de Borr; es decir, Odín y sus hermanos.

Casi parece que el Hombre primitivo recordara un pasado lejano en el que todo era gigantesco. De hecho, la mitología griega trata de la superación del hombre en su entorno, al igual que otras mitologías. En la mitología nórdica, los dioses y otras criaturas parecen ser manifestaciones terrenales de esto o aquello más que personajes con identidades distintas. Aunque este no es del todo el caso del mito y la leyenda griegos, también hay algo de ese color en las historias griegas. Comenzaremos nuestro estudio de los dioses y diosas y su lugar en el mito griego presentándolos individualmente. Estos dioses eran Zeus, Apolo, Poseidón, Hera, Atenea, Afrodita, Ares, Hefestos, Hades, Deméter, Dionisio, Hermes y Artemisa. Cada uno de ellos tenía su propia historia y desempeñaba un papel en el entramado general de la vida griega.

Zeus

La mayoría de las tradiciones mitológicas tenían una figura paterna, una especie de rey que presidía a los demás dioses como un padre-rey preside a su hijo, y este era el papel que desempeñaba Zeus entre los dioses del Olimpo. Zeus no sólo era el rey de los dioses, sino que era el padre de varios de ellos. Zeus aparece en muchos mitos de los griegos, aunque esté al margen interfiriendo de una forma u otra. El papel que desempeñaba Zeus quizás sea un eco del énfasis central que las sociedades patriarcales ponían en el patriarca: el jefe del núcleo familiar y del clan.

Pero Zeus no estaba solo al frente de su clan, y esto es algo que los escritores griegos no dejan olvidar. Zeus presidía a los olímpicos con Hera a su lado. De hecho, Zeus parece desempeñar a veces el papel de arreglador frente al de instigador de Hera. Hera se enfada por esto o aquello, y Zeus tiene que arreglarlo. Zeus ha hecho esto o aquello para enfurecer a Hera y ahora tiene que encontrar la manera de aplacarla. La relación entre estos dos dioses parece reflejar las dificultades del matrimonio, pero al final siempre permanecen juntos. No importa cuántas veces se desvíe la mirada de Zeus, siempre es a Hera a quien regresa. El patriarcado esencial, tanto en Grecia como en Roma, se ve así mitigado por la figura femenina siempre presente, que se explicará con más detalle más adelante.

Como casi todas las civilizaciones conocidas eran patriarcales, hay ecos de Zeus -o de lo que podríamos llamar figuras similares a Zeus- en la mayoría de las mitologías. Podría decirse que Odín es una figura similar a Zeus en el mito nórdico. Odín era también un dios del cielo y del clima, y presidía el equivalente nórdico del Monte Olimpo: Asgard. Los nórdicos estaban obsesionados con la guerra y con los salones que parecían glorificar la guerra o servir a un propósito en la guerra, por lo que Odín presidía el Valhala, que tenía miles de salones por los que los guerreros podían marchar después de ser honrados por su valor en la muerte.

Zeus no tenía en el mito griego la misma función explícitamente bélica que otras figuras similares tenían en sus propios sistemas de creencias mitológicas. Dicho esto, como rey de los dioses era necesario honrar a Zeus si uno esperaba salir victorioso en la guerra, o simplemente tener éxito en esta o aquella empresa. Como rey de los dioses presidía todas las cosas y era necesario honrarlo. Como especie de macho alfa del Olimpo, Zeus engendró numerosos hijos, entre ellos los dioses Apolo, Artemisa, Hermes y Dionisio. En el mito romano, Zeus era conocido como Júpiter, y cumplía para ellos la misma función que para los griegos.

Apolo

Apolo era posiblemente el segundo dios más importante de la mitología griega. Como dios del hijo, era responsable de la luz que proporcionaba a los hombres el calor durante el día y el sol cuando era el momento de sembrar. Apolo también estaba asociado a la belleza de los hombres y a la masculinidad en general. Apolo es una especie de dios extraño, ya que parece ser una especie de malla de un elemento griego y un elemento no griego. De hecho, Apolo era el dios que los griegos creían que era el defensor o la encarnación de la moderación, y parecía que el propio dios encarnaba una moderación entre dos elementos dispares.

Un elemento de Apolo parecía ser una especie de dios del sol del Cercano Oriente.

Es probable que este tipo de dios se apaciguara con amplios sacrificios, y en algunos lugares era probablemente más importante que Zeus, o cualquiera que fuera la variante local de Zeus. Es importante explorar esta idea, ya que la mitología griega parece representar una amalgama de sistemas de creencias locales. Así, Apolo representaba realmente el cinismo de diferentes dioses, creando un dios que era a la vez dios del sol y algo más. Aunque podemos decir que había algo no griego en Apolo, el elemento estético al menos parece particularmente griego. La sociedad griega era tan patriarcal como la romana, si no más, y el énfasis en la belleza y el poder masculinos como dos caras de la misma moneda parece ser una extensión natural de este androcentrismo.

Como ya hemos visto, en otros sistemas de creencias existían figuras similares a Apolo. Aunque otras mitologías no siempre tienen un dios del sol masculino, no es raro que haya un dios asociado a la naturaleza o a un elemento de la naturaleza que también se asocie a la masculinidad. Es difícil decir quién sería el equivalente de Apolo en la creencia nórdica; quizás sería Thor o Baldr. Apolo fue uno de los pocos dioses griegos que mantuvo su nombre en el mito romano, aunque tuvo que competir con otros dioses que tenían una función similar, como Sol, Mitra, Elagabalus y otros. Como Helios, Apolo era la encarnación del sol; bajo esta apariencia, a veces se le conocía como Apolo Helios. Había muchos lugares sagrados para él, como la isla de Delos, la isla de Rodas, Delfos y otros. En la mayoría de las ciudades griegas había templos o lugares sagrados para Apolo.

Poseidón

Es un lugar útil para mencionar la idea de que una ciudad está consagrada a un dios, o bajo el patrocinio de un dios. Así, en la mitología y las creencias griegas, podemos hablar de que tal o cual ciudad era sagrada para tal o cual dios. Esto significa que los habitantes de ese lugar habrían considerado a un dios concreto como su deidad patrona, aunque también habrían adorado a otros dioses.

Esto puede significar también que personas de otras ciudades acudan a un santuario concreto para honrar al dios de esa ciudad. Este era el caso del templo de Artemisa en Éfeso o del santuario de Esculapio en Epidauro.

Ahora, a Poseidón. Poseidón era el dios del mar. La mayoría de los pueblos que vivían en lugares que bordeaban el mar tenían un dios del mar, y como los griegos eran principalmente un pueblo marinero, es lógico que no sólo tuvieran un Poseidón, sino que éste fuera importante. Poseidón era el protector de las criaturas del mar, así como de los hombres que viajaban por el mar. Así que le rezaban tanto los pescadores como los marineros que iban a la guerra.

Como rey del mar, Poseidón tenía algunos pertrechos que lo hacían bastante interesante entre los dioses. Su arma era el bastón de tres puntas conocido como tritón. A menudo se le representaba con este símbolo tanto en la escultura como en la pintura. También se le representaba con una corona que podía tener elementos del mar, como conchas o caracolas. Poseidón presidía las criaturas humanoides del mar y del agua, como las ninfas y las nereidas. Mientras los nórdicos tenían su obsesión por las criaturas fantásticas como los elfos, los enanos y similares, los griegos estaban obsesionados con las personificaciones de las masas de agua. Esta fijación por el mar es una "cosa" característicamente griega y es importante tenerla en cuenta aquí. Poseidón era adorado en muchas ciudades griegas, y tenía un famoso templo en Maratón, cerca de Atenas, y en Paestum, en el sur de Italia.

Hera

Hera ocupaba un lugar importante en el Olimpo. Su título era el de reina, como esposa de Zeus, el rey, pero era más que eso. Hera tenía un papel casi tan importante como el de su marido. Estaba asociada al papel de esposa, a la vida doméstica y a la maternidad. Se le rezaba antes del matrimonio o del nacimiento.

Al estar asociada a las esposas y a la maternidad, parecía ser también importante en la creación:

creando una trifecta de dioses femeninos que tenían un papel generador, a saber, Atenea (como generadora de sabiduría), Afrodita (como generadora de amor) y Hera (como generadora de domesticidad).

A pesar de la asociación de Hera con la familia, las esposas, los hijos y otras artes domésticas, su propia vida doméstica era un tanto desordenada. Estaba constantemente indignada por las frecuentes infidelidades de su marido. Zeus tuvo hijos con diosas, ninfas y humanos por igual. Realmente no discriminaba cuando se trataba de amor, y lo mismo hacía Hera cuando se trataba de los objetivos de su ira.

El mito griego está plagado de la ira de Hera, y esta dinámica parecía cumplir una función en la psique griega como una especie de reflejo de las realidades de la vida. Hera era adorada en muchos lugares, pero Argos era la ciudad más sagrada para ella. En el mito romano, se la conocía como Juno, la esposa de Júpiter.

Atenea

Atenea era una de las divinidades griegas más importantes: una diosa asociada a la sabiduría. Esta diosa también estaba asociada a la guerra, y generalmente se la muestra, si no vestida con armadura, al menos con un casco y portando una lanza. Uno se pregunta qué importancia tendría Atenea si no fuera por Atenas. Es una idea interesante para explorar, ya que los dioses griegos individuales eran casi como los equipos deportivos de los mundos antiguos. Atenea era para Atenas lo que los Pingüinos son para Pittsburgh o los Celtics para Boston. Atenas desempeñaba un papel importante en la propaganda sobre Atenea, y ella, a su vez, protegía la ciudad que había sido nombrada en su honor.

Atenea también es interesante por otras razones. La leyenda griega afirma que surgió completamente de la cabeza de Zeus. Era una de las muchas hijas de Zeus, y quizá la más importante. Estaba asociada a la sabiduría, un ámbito que no siempre tenía un dios asignado en las mitologías, y rara vez una mujer. Atenea era quizás uno de los dioses griegos más singulares, incluso parecía tener una especie de masculinidad que podría sugerir que era una diosa mayor en cuanto a la edad relativa de su culto. Atenas era sagrada para Atenea, y para los romanos era conocida como Minerva.

Afrodita

Afrodita era una diosa del amor. Cuando se trata de ser una diosa curiosa, es decir, extraña cuando se sopesan todos los factores, Afrodita le da a Atenea una carrera por su dinero. Afrodita era una diosa que ciertamente no se originó con los griegos. Gran parte del culto griego vino como resultado del comercio. Los griegos comerciaban con los distintos grupos de Oriente Próximo desde una época temprana, y Afrodita era sin duda una diosa a la que debían haber recurrido los mercaderes que habían estado expuestos al culto de Astarté y otras diosas femeninas de tipo sensual en lugares como Fenicia y Siria.

Por muy extraña que sea, Afrodita ha sido objeto de muchas historias en la mitología griega. Siempre que había un elemento de amor o deseo en una historia, Afrodita solía aparecer de alguna manera. Jugó un papel en la Guerra de Troya como la diosa a la que Paris eligió dar la manzana, y fue codiciada tanto por dioses como por mortales debido a su gran belleza. Se decía que se bañaba desnuda en una concha marina, imagen famosa por un cuadro renacentista de Botticelli. Afrodita era la patrona de la ciudad de Cnidus, en Asia Menor, y también de Páfos, en Chipre, donde se decía que había nacido. En Roma, se la conocía como Venus.

Ares

Ares era el dios de la guerra. En cuanto a los dioses de la guerra, Ares parece casi periférico en el mito griego. Esto se debe principalmente a que todos los dioses griegos podían ser adorados y alabados en la guerra. Esto se debe a que los dioses eran patrones y patronos de una u otra ciudad, y se les invocaba en tiempos de guerra, independientemente de que tuvieran una función explícitamente bélica o no. Así, los atenienses invocarían a Atenea en la guerra y los argivos, naturalmente, a Hera, y así sucesivamente.

Esta realidad parecía dejar poco papel a Ares en la vida griega. Sin embargo, en el mito griego, Ares aparece de vez en cuando. Era conocido por su amor (o lujuria) por Afrodita, y por el tipo de menage trois que ambos compartían con el celoso Hefestos. De nuevo, este es un ejemplo de que el mito griego parece reflejar una de las realidades de la vida humana: la infidelidad parece ser más humana incluso que la monogamia. Ares era el patrón de pocas ciudades en la antigua Grecia, al menos en lo que respecta a las principales. En Roma, este dios era conocido como Marte.

Hefestos

Hefestos era el herrero de los dioses y el esposo de Afrodita. En cuanto a los dioses griegos, tiene algo de no griego. Por otro lado, se podría decir que había algo muy griego en él. Si Afrodita era la ramera extranjera que seducía a los griegos para que la adoraran, Hefestos encarnaba al desventurado hombre griego que caía en sus encantos. Mientras que los demás dioses del Olimpo eran hermosos y generalmente representados como jóvenes e idealizados, Hefestos (cuando se le mostraba) era representado como un hombre poco atractivo.

Aunque parece que Hefestos sería un personaje periférico, aparece en los mitos con no poca frecuencia.

Se le asocia con la historia del rey Minos y el minotauro, así como con la de Jasón y los argonautas. Como ya se ha dicho, Hefestos estaba casado con Afrodita, por lo que a menudo aparece en las historias relacionadas con ella. Había pocas ciudades importantes dedicadas a Hefestos, aunque no eran raros los santuarios dedicados a él.

Hades

Hades era un dios de un tono más oscuro. Era el dios del inframundo, el lugar al que viajaban los hombres cuando morían. Hades no se representaba con frecuencia en el arte, pero cuando lo hacía el artista se aseguraba de imbuirle un carácter macabro.

Se decía que había que cruzar el río Estigia para entrar en su tierra, para lo cual había que pagar primero al barquero. Por esta razón, los griegos solían enterrar a sus muertos con una moneda bajo la lengua. Estaba casado con Perséfone, a quien secuestró y llevó a su tierra. No había ciudades dedicadas a Hades, y su culto era ciertamente ínfimo comparado con el de los demás dioses.

Deméter

Deméter era la diosa de la cosecha. A menudo se la representa en el arte con un elemento que sugiere el grano y los productos agrícolas, como una corona de trigo o sosteniendo cáscaras de trigo.

A ella le rezaban los hombres y mujeres que vivían en el campo y que esperaban una cosecha abundante. También le rezaban las personas que esperaban librarse del hambre. Como Grecia no era una tierra abundante en cuanto a la tierra, Deméter era casi una diosa periférica en comparación con funciones similares en otras sociedades.

De hecho, los nórdicos tenían varios dioses responsables de la fertilidad y la cosecha. De hecho, había todo un grupo de dioses, los Vanir, que se creía que eran antiguos dioses de la fertilidad que habían guerreado con el grupo principal de dioses nórdicos (los Aesir).

El resultado fue que algunos de ellos fueron reclutados para unirse a los Aesir.

Los griegos sólo tenían una diosa de la fertilidad, aunque podría decirse que Dionisio también era una especie de dios de la fertilidad. Muchas ciudades tenían santuarios a Deméter, y su culto era especialmente importante en las zonas donde el cultivo de cereales era importante, como Jonia en Asia Menor y Tesalia.

Dionisio

Dionisio es otro dios que parece tener un origen no griego. Se ha sugerido que este dios, hijo de Zeus, era de origen tracio. Los tracios eran un pueblo que vivía en el lado oriental del Mar Negro, por lo que habrían sido vecinos lejanos de los griegos en el norte. Los exploradores y colonizadores griegos se habrían topado con los tracios en su intento de plantar colonias para asegurar un flujo constante de grano a Grecia. las ciudades del norte del Egeo y del Mar Negro (especialmente las ciudades de Asia Menor) serían muy importantes para los griegos como fuente de alimentos. Por ello, la derrota de los persas dio lugar a una época dorada para los griegos: las ciudades que producían grano se encontraron de repente con libertad para comerciar y exportar a su antojo. Dionisio era el dios del vino y la fiesta. Se le asociaba a las fiestas bacanales, cuyo nombre se debe a la denominación del dios en latín: Baco.
Eran ritos orgiásticos que debían repercutir en la cosecha de vino.

La viticultura era muy importante en Grecia, así como la cultura mediterránea en general. A menudo se invocaba a Dionisos mediante estatuas o marcadores en los cruces de caminos que mostraban un hombre con barba y un falo apuntando hacia arriba en la parte delantera del marcador. Dionisos era adorado en la mayoría de las ciudades griegas, incluida Eleusis, que se encontraba cerca de Atenas.

Hermes

Hermes era el mensajero de los dioses del Olimpo. Hijo de Zeus, a menudo se le representaba con sandalias aladas, en representación del vuelo que el dios emprendía en su papel de mensajero. Hermes no pertenecía al grupo principal de dioses, que incluía a Apolo, Atenea, Zeus y Poseidón, pero había templos dedicados a su culto. De hecho, dado que gran parte de la vida griega dependía de la capacidad de comunicarse con lugares lejanos, la facilitación de esa comunicación ocupaba necesariamente un lugar de suma importancia.

Esto formaba parte del papel que desempeñaba Hermes. En el mito, este dios se ocupaba principalmente de la comunicación de los dioses con el hombre, pero en la vida práctica durante la edad de oro de la civilización griega, Hermes se ocupaba de la comunicación en general. Así, se podía rezar a Hermes antes de un viaje importante, especialmente si se necesitaba una comunicación propicia. Había templos dedicados a Hermes en todo el mundo griego, y este dios era representado frecuentemente en el arte. Hermes también era un personaje frecuente en los mitos griegos.

Artemis

Artemisa fue una diosa importante en el mito griego. De hecho, Artemisa no sólo era una importante divinidad femenina, sino una divinidad clave en general. Artemisa era la diosa de la luna. También era una cazadora y la patrona de los cazadores. Por esta razón, Artemisa se representaba a menudo como una hermosa mujer vestida de cazadora. Otra hija de Zeus, su belleza era suficiente para despertar el deseo de hombres como Acteón. Pero, como otras diosas, Artemisa era vanidosa. Era una de las participantes en el concurso para ver qué diosa era la más bella.

Como diosa de la luna, el culto a Artemisa estaba muy extendido en todo el mundo griego. Este es un momento oportuno para hablar de otro aspecto importante del culto griego.

Ya hemos hablado de los dioses como patronos de las ciudades, pero también se les veneraba por sus atributos. Así, una ciudad nórdica podía tener santuarios para muchos dioses, pero los griegos tendían a centrar su culto en un puñado de divinidades que eran especialmente importantes por su uso. El culto griego, por tanto, tenía un carácter muy regional, y parte de ello tenía que ver con los grupos étnicos dentro del mundo griego, como los jonios, los dorios, los eolios y similares.

Parece que Artemisa era especialmente favorecida en las ciudades orientales del mundo griego, sobre todo en Asia Menor.

Aunque hoy en día tendemos a considerar las ciudades de Jonia y otros lugares de Asia Menor como colonias, en la época clásica ya estaban tan asentadas que es casi incorrecto referirse a ellas como tales. Ciudades como Mileto, Éfeso y Esmirna eran tan importantes como Argos, Tebas, Corinto y otros importantes centros regionales de la Grecia continental.

Hestia

Hestia era la diosa griega del hogar. También se la asociaba con el fuego. Hija mayor de Cronos y Rea, Hestia era, por tanto, la hermana mayor de Zeus, rey de los dioses. No es casualidad que la mayor de los dioses olímpicos fuera una diosa femenina asociada a la vida y al fuego. Parece representar a los antiguos dioses y la antigua forma de culto que fue barrida por la invasión de aqueos y dorios en la Edad Heroica.

Se decía que Hestia amaba la paz, y muchos estudiosos modernos se han centrado en la teoría de que los primeros dioses de los griegos eran pacíficos. Se afirma que los hablantes indoeuropeos posteriores, presumiblemente de Asia Menor o de la llanura europea, eran belicosos y trajeron consigo dioses masculinos belicosos como Zeus y Apolo.

Esta teoría parece una simplificación excesiva de un cuadro teológico más complejo, y lo es. Incluso los indoeuropeos más tardíos debían tener algunos dioses femeninos, y es lógico que los pueblos anteriores tuvieran también dioses masculinos.

El fuego era algo muy importante para los pueblos más antiguos y menos desarrollados, lo que convertía a Hestia en una divinidad importante. El hogar era el fuego de la casa que mantenía calientes a los miembros de la familia y que también se utilizaba para preparar las comidas. En la tradición griega, cuando un miembro de la familia abandonaba el hogar, se llevaba consigo algunas brasas de la llama del hogar para simbolizar el hogar donde se había criado.

En las aldeas y en las grandes ciudades se mantenían hogares públicos. El fuego se utilizaba en los sacrificios y otras fiestas públicas, lo que impedía que esta antigua forma de culto y de vida cayera en desuso.

Éfeso era la ciudad sagrada de Artemisa, y su templo era uno de los más grandes del mundo griego. Puede parecer extraño que haya tanta devoción por la luna, como la había por Artemisa, pero estos dioses eran principalmente divinidades asociadas a lugares concretos y su ámbito de gobierno era casi incidental. Así, mientras que Poseidón podía ser importante para el culto porque los pescadores y marineros necesitaban suerte en el mar, Artemisa podía ser adorada simplemente porque estaba asociada a Éfeso y el devoto particular resultaba ser de esa ciudad. En el mito romano, Artemisa era conocida como Diana, y no era menos importante para los romanos que para los griegos.

Los celos de Hera

Hera era hija de Cronos y Rea, por lo que era la hermana-esposa de Zeus, rey de los dioses. Reinaba como reina del Olimpo, pero parece que la mayor parte de su tiempo lo pasaba persiguiendo a su marido Zeus o, al menos, irritándose con él. Si hubiera habido cámaras de vídeo en la antigüedad, probablemente Hera habría pasado la mayor parte de sus días observándolas para ver qué hacía Zeus. Algunos dicen que Zeus era un mal marido por incitar los celos de Hera, pero Hera no era mucho mejor en su fijación con las actividades de su marido.

Aunque no se puede decir que el matrimonio de Zeus y Hera fuera feliz, permanecieron juntos y los dos modelaron en cierto modo la estructura matrimonial que representaba la unidad fundamental de la antigua civilización griega. Por desgracia para Hera (o Zeus), no había acuerdos de divorcio disponibles si eras un dios que vivía en el Monte Olimpo. Hay muchas historias sobre Zeus y otras tantas sobre Hera. Los celos de Hera eran un tema común en los mitos. Pero esta historia comienza con la forma en que Zeus y Hera se casaron. Zeus engañó a Hera tomando la forma del cuco, un pájaro pequeño e inofensivo. El pájaro estaba mojado y resbaladizo y Hera lo aferró a su pecho para calentarlo. Zeus se transformó al instante en su forma natural, es decir, en un hombre, y Hera aceptó casarse con él.

Ella permanecería fiel a Zeus a pesar de sus infidelidades. Parecía que no tenía otra opción. No quería acabar en el Tártaro con los Titanes, que parecía ser el destino de cualquiera que fuera en contra de la voluntad de Zeus. Zeus no siempre tuvo éxito en sus intentos de engañar a Hera. En un intento, transformó a una hermosa doncella llamada Io en una vaca. Hera no se dejó engañar y exigió la novilla como regalo y envió a un monstruo llamado Argos para que la custodiara. Hermes adormeció a Argos y lo mató, pero Io no quedó libre. Fue perseguida por un tábano que Hera envió hasta Egipto. Allí los ojos de Argos se transformaron en un pavo real donde permanecen hasta hoy.

Hera era hermosa y, por lo tanto, era tan merecedora de admiradores como las mujeres que Zeus perseguía. Un hombre llamado Efialtes se propuso capturar a Hera. Iniciaron una guerra infructuosa con los dioses olímpicos. Otro admirador fue un tal Ixión. Ixión se enamoró de Hera en un banquete, pero Zeus le engañó convirtiendo una nube en la forma de Hera. Ixión hizo el amor con la nube y dio a luz a los centauros, acto por el que fue castigado atándolo a una rueda de fuego.

Hefestos y Afrodita

Hefestos era el hijo cojo de Zeus y Hera. Según algunas leyendas, Hefestos era hijo sólo de Hera. Estaba casado con Afrodita, diosa del amor, lo que naturalmente parece un desajuste. Afrodita era hermosa, vivaz y codiciada por muchos, mientras que había pocas mujeres que se hubieran interesado por Hefesto, que no era tan bello como los otros dioses del Olimpo. En cualquier caso, Afrodita era conocida por ser infiel a Hefesto. Tuvo muchos amantes, de los cuales el más famoso fue quizás Ares. Otros amantes de Afrodita fueron Poseidón y Hermes. Con Hermes, Afrodita engendró a Hermafrodita y, según algunos, a Eros, que también era conocido como Cupido (al menos para los romanos). En el arte posterior, Eros se suele representar como un niño que acompaña a Afrodita, aunque en algunas historias se le menciona como un joven. Según algunos relatos, Hefesto no estaba casado con Afrodita, sino con una de las Tres Gracias. Se dice que el taller de Hefesto se encontraba bajo el monte Etna, en Italia. Hefesto, por supuesto, era el Vulcano de los romanos.

Ninfas y otras criaturas

Puede que la mitología griega no esté tan plagada de personajes fantásticos como los mitos y leyendas nórdicos, pero no por ello dejan de estar presentes.

La mayoría de estos personajes periféricos tenían que ver con las masas de agua, aunque había otros que estaban asociados a otros elementos naturales del entorno. Por ejemplo, las dríades eran espíritus asociados a los árboles.

Los espíritus y personajes de los que se hablará aquí son esencialmente los espíritus encarnados de los espacios físicos, aunque esos espacios fueran cambiantes (como el agua). Ocupaban un espacio liminal entre el dios y el mortal. Aunque no se les denomina propiamente semidioses, tenían mucho en común con este grupo concreto. Los semidioses eran esencialmente los hijos medio mortales de los dioses, y solían tener una vida más larga y unos atributos especiales que los distinguían de los seres humanos. Aunque no ocurre lo mismo con las náyades, las nereidas y otros, es cierto que se creía que estas criaturas o espíritus eran básicamente inmortales en lo que respecta a la duración de la vida, aunque podían ser asesinados como los mortales.

Ninfa es básicamente el término que engloba a los personajes espirituales tratados en esta parte del capítulo. Las nereidas y las náyades son tipos de ninfas. Las ninfas solían ser representadas (y consideradas) como bellas jóvenes. Se las asociaba con la fertilidad y la fecundidad.

Muchos dioses y semidioses eran hijos de ninfas, incluidos personajes como Aquiles.

Una ninfa era la joven hermosa asociada a (normalmente) una masa de agua. Una nereida era una ninfa asociada al mar, mientras que una náyade solía asociarse a una estructura acuática discreta, como una fuente. Aunque no existían ciudades ni templos asociados a las ninfas, éstas aparecían con frecuencia en los mitos y leyendas. Los santuarios dedicados a ninfas locales importantes eran habituales en el mundo griego.

Capítulo 4: Los hijos de los dioses

En la leyenda griega, los hijos de los dioses solían ser conocidos como semidioses. Muchos de ellos se convirtieron en héroes famosos. De hecho, la mayoría de los héroes del mito griego eran hijos de los dioses. Un repaso a los nombres que embarcaron en el Argo con Jasón revela lo común que era que los dioses engendraran hijos y que éstos aparecieran en el mito griego. A diferencia de otras mitologías, en Grecia parecía común que los hombres mortales reclamaran un antepasado divino. Algunos de los argonautas que eran hijos de dioses eran:

Adolfo, hijo de Ares; Calais, hijo de Boreas, el Viento del Norte; Echion, hijo de Hermes; Heracles, hijo de Zeus; Idmon, hijo de Apolo; Melampos, hijo de Poseidón; Naupilus, hijo de Poseidón; Palaemon, hijo de Hefesto; Periclymenus, hijo de Poseidón; Phanus, hijo de Dionisio; Staphylus, hermano de Phanus; Zetes, otro hijo de Boreas.

Los hijos de Zeus

Zeus, el rey que preside el Olimpo, tuvo muchos amores y engendró muchos hijos. Con Hera tuvo a Ares, Hefesto y Hebe. Se ha mencionado la afirmación de que Hera podría haber dado a luz a Hefesto por su cuenta, pero la mayoría de las fuentes dan a Zeus como padre. La primera esposa de Zeus no fue Hera, sino Metis.

Metis quedó embarazada, pero Zeus, a la manera de su familia, se tragó a Metis para que no naciera un niño que fuera más grande que él. Esta niña fue Atenea, que por tanto surgió de la cabeza de Zeus y fue la beneficiaria de su sabiduría.

Zeus tuvo además otros hijos. De una tal Electra, Zeus fue el padre de Harmonía. Zeus engendró a las Tres Gracias con Eurynome. Leto fue la madre de Apolo y Artemisa. Hermes fue el hijo de Zeus con Maia. Mnemosyne fue la madre de las Musas, todas ellas hijas. Temis, la encarnación de la ley, dio a luz a varios hijos, entre ellos las Horae, Eunomia, Dike, las Parcas y Eirene, cuyo nombre significa paz. Los hijos de Zeus con mujeres mortales son Anfión, Zeto, Perseo, Epafio, Cástor, Pólux (o Polideuces), Argos (que fundó la ciudad de Argos) y Dionisio, que era hijo de Sémele.

Dioses y semidioses

Los semidioses solían ser engendrados por un padre que era una divinidad y una madre que era mortal, ninfa u otro personaje no divino.
Los semidioses recibían un nombre especial porque a menudo se les asociaban atributos divinos, como un
 apariencia agradable, larga vida, fuerza superior a la normal, o alguna otra habilidad que los diferenciara de los demás seres humanos corrientes que se encontraban en los mitos y leyendas griegos.

La mitología griega es la única que distingue a estos personajes como especiales. En muchas otras mitologías, los hijos de los dioses por parte de los mortales suelen ser simples seres humanos, aunque en algunos casos pueden ser adoptados entre los dioses. Dado que los dioses eran prácticamente una raza aparte de los seres humanos, parece extraño que se encapricharan tanto de los mortales como para reproducirse con ellos. Había suficientes dioses para que Zeus, Apolo y otros pudieran elegir. Más extraño aún es que los dioses no sólo parezcan inclinados a procrear con los mortales, sino que los hijos de estas uniones parezcan ser el objetivo especial de su atención.

Muchos personajes importantes del mito griego son semidioses. Algunos ejemplos evidentes son Heracles y Perseo.

Ya hemos visto que muchos de los participantes en el viaje de Jasón a Cólquida eran también semidioses. ¿Por qué importa todo esto? Bueno, el semidiós parece concentrar en su persona el objetivo del mito griego, que era utilizar a los dioses para enseñar al hombre a vivir.

Se suponía que los dioses griegos daban el ejemplo de cómo debían comportarse y "ser" los hombres, aunque no siempre era un buen ejemplo. De hecho, el mensaje de los dioses parecía ser que el hombre debía esforzarse por ser alegre en todo momento, incluso si eso significaba incitar la ira de la propia esposa (te estamos mirando a ti, Zeus).

El semidiós puede pensarse como una forma en que la mitología griega instruía a los mortales: "así es como debéis ser como los dioses". Es interesante que los semidioses del mito y la leyenda griegos no fueran personajes desafortunados cuya vida pareciera representar una lección sobre cómo las cosas pueden salir mal sin importar lo que uno haga.

No había mulatos trágicos en el mito griego. Los semidioses eran héroes más grandes que la vida que superaban las probabilidades para ser más como dioses que como hombres. De hecho, los dioses tenían todas las cartas buenas.

Tenían súper fuerza, gran sabiduría, vida inmortal, belleza y un gran número de otras ventajas.

Los semidioses, en cambio, estaban relegados a vivir en la tierra como bastardos cuyos padres podían haber sido dioses o simplemente morosos que desaparecían. Las historias de Perseo, Teseo, Belerofonte e incluso de héroes como Aquiles parecían tratar de vencer a los dioses, un reto que los mejores semidioses superaban con maestría.

Dediquemos un momento a examinar al que quizá sea el semidiós más famoso de todos: Heracles. Heracles fue ciertamente bendecido con fuerza, pero también fue acosado con trabajos que le exigían probarse a sí mismo incesantemente. Como si ser un bastardo no fuera suficientemente duro. Tenía que derrotar a los leones, salvarse de las reinas lujuriosas, todo ello manteniendo esa soleada conducta de semidiós griego. No podía permitir que los demás lo vieran sudar. Uno se pregunta cuál era el sentido de todo esto, y en realidad era el mismo sentido que tenían todas las historias del semidiós. El papel del semidiós era mostrar cómo el hombre podía ser como un dios. El hombre podría incluso ser mejor que un dios. Los dioses rara vez eran castigados por sus actos de lujuria o crueldad, pero el Hombre generalmente lo era. Fue este castigo el que les dio su humanidad, algo que los griegos entendieron bien. Los griegos eran conscientes de que la suerte del Hombre era dura, pero también debían entender que el Hombre tenía la bendición de una recompensa al final de sus trabajos, una lección que los doce trabajos de Heracles parecían encarnar.

El nacimiento de Heracles

Heracles era el semidiós y el héroe por excelencia. Era adorado como un dios en muchos lugares y, de hecho, había sido deificado por Zeus, de quien se dice que sacó a su hijo de su pira funeraria. La madre de Heracles era una mujer mortal llamada Alcmena.

Era la esposa de un tal Anfitrión que vivía en Tebas. Tanto Alcmena como Anfitrión eran descendientes del famoso héroe Perseo. Zeus sedujo a Alcmena disfrazándose de su marido. En ese momento, Anfitrión estaba en la guerra. El deseo de Zeus era engendrar un hijo que fuera un gran héroe. Anfitrión también quería engendrar un hijo así, y lo hizo cuando regresó. Este hijo era el medio hermano de Heracles y era conocido como Iphicles.

Cuando sólo era un bebé, la celosa Hera envió dos serpientes para matarlo mientras dormía. Los celos y el odio de la reina del Olimpo por el vástago de la infidelidad de su marido no tenían límites.

Pero el bebé ya mostraba signos de su origen divino. El niño Heracles estranguló con sus propias manos las serpientes enviadas por Hera. Algunos dicen que fue Anfitrión quien envió las serpientes, ya que estaba enfadado porque su reina había tenido un hijo con otro, aunque ese otro fuera el rey de los dioses.

Las Amazonas

De acuerdo, las Amazonas no eran hijas de los dioses, ni eran semidiosas (o semidiosas), pero hay que hablar de ellas en algún lugar. Las Amazonas eran mujeres guerreras de las que se decía que vivían en el "borde del mundo". Para algunos, esto significaba Asia Menor, mientras que otros situaban su ubicación en África. Las Amazonas estaban bajo la protección especial de Artemisa, una diosa que consideraba sagrada la caza y todas las cosas salvajes.

Como las amazonas eran algo salvajes, al menos en la forma incivilizada en que vivían, parece sensato que estén bajo su protección.

Se dice que las amazonas secuestran a los hombres y los utilizan como sementales para engendrar hijos fuertes.

Sólo seleccionaban a los mejores hombres para esta tarea. Naturalmente, la sociedad patriarcal griega veía esta práctica (y a las mujeres que se dedicaban a ella) con horror.

Algunos sostienen que el mito de las amazonas podría tener su origen en los guerreros escitas que vivían en las estepas rusas. Es posible que contaran con mujeres guerreras en sus filas, lo que proporcionó abundante material imaginativo al público de la antigua Grecia, que parecía inclinado a creerlo todo.

Las amazonas no fueron periféricas en el mito griego, ya que aparecen en varias leyendas. En particular, están asociadas a uno de los trabajos de Heracles. Las Amazonas estaban gobernadas por una reina, la más famosa de las cuales era Hipólita. Se dice que esta raza de mujeres guerreras vivía en una montaña llamada Themiscyra. Las Amazonas se encontraron con Heracles cuando este héroe robó el cinturón de la reina Hipólita. Posteriormente, Hipólita fue derrotada por Teseo y acabó dándole un hijo. Este hijo fue conocido como Hipólito. Otra reina amazona fue Pentesilea, que luchó en el bando troyano en la Guerra de Troya. Sería asesinada en la batalla por Aquiles.

Había muchas leyendas sobre las Amazonas. Algunos escritores afirmaban que las guerreras se cortaban uno de los pechos para poder utilizar mejor el brazo del arco. Aunque esta historia se cuenta comúnmente, ha sido retratada en el arte antiguo.

Capítulo 5: Teseo y otros héroes

El mundo de la antigua Grecia estaba plagado de historias de héroes y sus aventuras. Al igual que los dioses tenían sus afiliaciones regionales y ciudades de devoción, también los héroes eran venerados en las tierras de las que procedían. Teseo era venerado en Atenas, donde gobernaba como rey. Perseo era venerado en todo el mundo griego, pero especialmente en Argos. Heracles también era ampliamente venerado, pero Tebas, en Boecia, era su tierra natal. Jasón y los argonautas eran venerados en Tesalia y otras regiones relacionadas con el cuento.

Conocer las historias de los héroes griegos permite al lector comprender las cualidades que los griegos respetaban y trataban de fomentar entre la población. Hoy en día, podríamos tomar nota de que los héroes de la leyenda son exclusivamente masculinos, y esto, por supuesto, se debe a que la idea griega del ser humano perfecto era, por lo general, una figura masculina guapa y fuerte. Esto se puede apreciar en la devoción que recibió Apolo en todo el mundo griego. No sólo era el dios del sol, sino que también encarnaba las características masculinas ideales, incluidas las internas.

Esta fijación en una imagen masculina idealizada también se observa en la interpretación artística de los héroes y sus vidas. Incluso en la antigüedad, la imagen de un Heracles musculoso era popular en el arte, incluyendo el tipo de cerámica que habría sido común en las casas del pueblo. Pero incluso imágenes muy especializadas, como la de Perseo sosteniendo la cabeza de Medusa, eran comunes en la antigüedad y recibieron un renacimiento artístico en los siglos XVIII y XIX. Esto nos dice cómo se percibía a los héroes: como personajes más grandes que la vida, no muy diferentes de los dioses.

Esta fijación por los héroes era importante en la sociedad griega. Puede decirse que este culto a los héroes forma parte de la base de la civilización griega. La cultura centrada en el hombre comenzó en la escuela aristocrática del eforato, donde los jóvenes luchaban en el gimnasio y recibían lecciones de filosofía, y continuó cuando esos jóvenes acabaron sirviendo en la guerra y finalmente se convirtieron en miembros de las democracias u oligarquías que existían en su estado. Este culto al héroe era siempre masculino porque el poder en estas sociedades era exclusivamente masculino. Entonces, ¿qué tipo de características eran importantes en los futuros líderes de ciudades griegas como Atenas, Tebas, Corinto y Esparta? Un examen de las historias de Teseo, Perseo y Jasón ayudará a responder a esta pregunta.

Las aventuras de Teseo

Teseo fue el principal héroe de Atenas y vivió muchas aventuras. Teseo era hijo del rey Egeo de Atenas con Aethra, que era la princesa de una ciudad llamada Troezen. Troezen estaba situada en el Peloponeso, y Piteo gobernaba como rey. Egeo había llegado a Troezen de joven. Tuvo un hijo con Aethra y escondió sus sandalias y su espada bajo una roca. Le dijo a Aethra que le dijera a su hijo que viniera a verle a Atenas cuando fuera lo suficientemente fuerte como para levantar la roca y reclamar los objetos que había debajo. Teseo lo hizo cuando tenía 16 años y se aventuró a ir a Atenas para reclamar su derecho de nacimiento como hijo del rey, participando en muchas aventuras por el camino. Algunas de estas historias están representadas en el libro *El rey debe morir*, de Edith Hamilton. Teseo fue más famoso por su relación con el Minotauro, que se cuenta entre los mitos griegos más conocidos y significativos.

Antes de su encuentro con el Minotauro, Teseo tuvo que enfrentarse a Medea, la esposa de su padre. Era una hechicera que reconoció al instante quién era Teseo antes de que éste se revelara. Medea intentó servir a Teseo vino envenenado, pero antes de que lo bebiera el muchacho le reveló los regalos que su padre había escondido bajo la roca en Troezen. Egeo apartó la copa de vino envenenado justo a tiempo y abrazó a su heredero. Medea huyó de Atenas con su propio hijo a cuestas.

La historia de Teseo y el Minotauro comienza con el tributo anual que Atenas debía pagar a Creta. Este tributo consistía en el envío de niños y niñas a Creta para servir al rey Minos. Aunque gran parte del mito fue ciertamente inventado por los narradores, esta parte de la historia puede tener al menos el anillo de la verdad. Los cretenses habrían sido una superpotencia regional mucho antes que sus primos de la Grecia continental. La exigencia de tributos en forma de mujeres y niños esclavos no era infrecuente; incluso la practicaban los turcos hasta el siglo XIX.

De hecho, incluso el propio Teseo ha sido propuesto como un hombre que vivió y no como una mera figura de leyenda. Es probable que Teseo fuera un rey en tiempos muy lejanos cuya vida quedó encapsulada en las leyendas de ciudades como Atenas y otros lugares. Se cree que lo mismo ocurrió con Heracles, que probablemente también fue un rey o un gran hombre que vivió y que más tarde se convirtió en semidiós.

Pero volvamos a la historia de Teseo y el Minotauro. Teseo estaba decidido a acabar con la práctica de enviar a los niños atenienses a Creta, así que fue con la donación anual a Creta. Cuando el barco llegó a Creta, Teseo y los demás fueron llevados a ver al rey Minos y a su hija, Ariadna.

Esta historia ha sido altamente ficcional izada en la obra de Hamilton, aunque es una buena lectura. En el libro se habla mucho del Minotauro, que en los mitos es en realidad un hombre con cabeza de toro. Su nombre en griego significa "toro de Minos" (es decir, el rey de Creta en los mitos).

Era el momento de sacrificar a los siete niños y siete niñas de Atenas al Minotauro. El Minotauro vivía en un laberinto del que era imposible escapar. Cualquier víctima que entrara en el laberinto no podría escapar con vida. Pero Teseo tuvo suerte, ya que la princesa Ariadna se había enamorado de él, Ariadna le dio a Teseo un ovillo de cuerda que podía utilizar para encontrar la salida del laberinto. Teseo entró en el laberinto para encontrar a la criatura, y desenrolló el cordel para tener un camino de vuelta a la salida. Tras una feroz batalla, Teseo mató al toro y utilizó la cuerda para salir. Teseo se llevó a Ariadna a Atenas, pero luego la abandonó en la isla de Naxos. Esto último forma parte de un mito casi tan famoso como la historia del Minotauro.

Las aventuras de Perseo

Perseo es, junto con Teseo, uno de los héroes griegos más importantes. Era hijo de Dánae por Zeus. Dánae era la princesa de Argos, hija del rey Acrisio.

Un oráculo había profetizado que Acrisio moriría a manos del hijo de Dánae, por lo que Acrisio la encerró en una habitación de una alta torre para evitar que quedara embarazada.

Pero Zeus la visitó con una lluvia de oro, y después de nueve meses dio a luz a Perseo. Pero Acrisio no había terminado. Encerró a la madre y al niño en una caja de madera y los mandó a navegar por el mar. Un pescador llamado Dictys descubrió el cofre y rescató a los dos. Los llevaron a la corte del rey Polidectes, que vivía en Serifos, una isla del Egeo. Cuando Perseo fue mayor, Polidectes se enamoró de la bella Dánae y deseó casarse con ella. Para quitar a Perseo de en medio, lo envió en una búsqueda para traer la cabeza de la gorgona, Medusa. Mientras tanto, Dánae se refugió en un templo de la isla.

Medusa era un monstruo que tenía el poder de convertir a sus víctimas en piedra. Su historia fue contada en la película *Furia de Titanes,* que ha sido rehecha. Aunque Perseo tenía pocas posibilidades contra la gorgona Medusa, los dioses estaban de su lado. Atenea, que había sido la que convirtió a Medusa de una hermosa doncella en un monstruo, estaba del lado de Perseo. Le dijo a Perseo que nunca debía mirar directamente a la cara de Medusa. Le dio un escudo muy pulido, que podía usar como espejo. De Hermes, Perseo recibió una hoz y una bolsa para llevar la cabeza de la gorgona. También recibió un par de sandalias aladas. Por último, Hermes le dijo a Perseo dónde podía encontrar a las Graeas, las mujeres grises, que sabían cómo encontrar a Medusa.

Las Graea eran ancianas que sólo tenían un ojo para ver y un diente. Debían compartirlos, pasándoselos constantemente entre las tres. Perseo tomó el ojo y prometió que sólo se lo devolvería si le decían dónde estaba Medusa. Perseo fue al lugar designado y utilizó el escudo como espejo para ver dónde estaba Medusa. Utilizó las armas que le habían dado para cortarle la cabeza, y luego la colocó en la bolsa que le había dado Hermes. De la sangre de Medusa nació Pegaso, el caballo alado.

Perseo utilizó a Pegaso para volver a Serifos. En el camino, vio a una princesa encadenada a una roca. Era Andrómeda, princesa de Etiopía.

Era hija del rey Cefeo de Etiopía y de la reina Casiopea. Andrómeda estaba atada a la roca porque iba a ser sacrificada a un monstruo marino. Este monstruo era conocido como el Kracken en el cine. Perseo la rescató y mató al monstruo, utilizando la cabeza de Medusa para convertirlo en piedra. Perseo pasó a casarse con Andrómeda. Más tarde, el héroe regresó a Serifos, donde convirtió en piedra al rey Polidecón. Perseo fue a asistir a los juegos de Larisa. Lanzó un disco que salió mal y mató a un hombre del público. Ese hombre era Acrisio, su abuelo, cumpliendo así la profecía que el oráculo había dicho tantos años antes.

Jasón y los Argonautas

Jasón fue el último de los tres grandes héroes del mito griego, excluyendo a Heracles. Era hijo de Esón, rey de Tesalia, en el norte de Grecia. El padre de Jasón fue derrocado por su hermano Pelias, que amenazó con matar a cualquiera que desafiara su derecho al trono. Jasón fue llevado a un lugar seguro y puesto al cuidado de un centauro amistoso llamado Quirón. Jasón regresó como hombre para reclamar su reino. En el camino, ayudó a una anciana a cruzar un río. Esta mujer era Hera disfrazada y en agradecimiento, esta diosa siempre sería el apoyo de Jasón en sus hazañas.

Al ayudar a la mujer, Jasón perdió una de sus sandalias. Pelias había sido advertido de que debía desconfiar de un extraño que llegara a la ciudad con una sola sandalia. Cuando vio a Jasón, supo que esa era la profecía cumplida. Para proteger su trono, Pelias lo envió en una búsqueda para conseguir el Vellocino de Oro. sabía que sería imposible que Jasón lo lograra. Pero Jasón tuvo la ayuda de las diosas Hera y Atenea. Ellas le ayudaron a construir el barco Argo. Reclutó a cincuenta guerreros para ir con él. Estos guerreros incluían a Heracles, Cástor y Pólux, Orfeo y Atalanta. Navegaron hasta la tierra de Cólquida, en el Mar Negro, y tras muchas aventuras, llegaron a la tierra del Vellocino de Oro.

Cuando llegaron a Cólquida, el rey les obligó a realizar tareas antes de ayudarles. Pero Medea, hija del rey y hechicera, se enamoró de él y se ofreció a ayudarle. Ella le dio el poder de derrotar a los toros que escupen fuego, y le aconsejó cómo derrotar a los guerreros que habían surgido de los dientes de los dragones. Medea llevó a Jasón a donde estaba el Vellocino de Oro. Estaba custodiado por un dragón, pero utilizaron una poción para dormir al dragón. Con el dragón dormido, Jasón pudo conseguir el vellocino.

Después de salir de Cólquida, los argonautas fueron perseguidos por el hermano de Medea y por guerreros. Medea mató a su hermano y cortó su cuerpo en pedazos.

Esto les daría tiempo ya que su padre tendría que detenerse para recoger los pedazos y enterrar a su hijo. Volvieron a Tesalia, donde Medea convenció a las hijas de Pelias para que también lo cortaran en pedazos. Les dijo que si lo ponían en un guiso volvería a la vida. Por supuesto, no lo hizo, y Jasón y Medea tuvieron que huir de Tesalia hacia Corinto. Allí, Jasón abandonó a Medea por Glauca, la hija del rey de Corinto. Medea despachó a Glauca dándole un vestido envenenado, que la mató. Medea también mató a los hijos de Jasón. Entonces tuvo que huir a Atenas, a la corte del rey Egeo, padre de Teseo.

El historiador Robert Graves ha proporcionado una lista exhaustiva y bien documentada de los hombres y mujeres que sirvieron con Jasón a bordo del Argo. Esta lista, por supuesto, incluye a Heracles, el héroe más famoso del mito griego, así como a Argo, que diseñó y construyó el Argo. Los nombres de los hombres y mujeres que viajaron con Jasón a bordo del Argo a Colchis para recuperar el vellocino de oro son:

Acastus
Actor, de Fócida
Admetus, de Pherae
Amphiaraus, de Argos
Antaeus, de Samos
Argus, constructor naval
Ascalafo, semidiós, hijo de Ares
Asterio, de Pelopia
Atalanta, una cazadora
Augeias, un nativo de Elis
Butes, natural de Atenas
Caeneus, un Lapith
Calais, hijo de Boreas, el Viento del Norte
Canthus, de Euboea
Cástor, junto con Pólux o Polideuces, uno de los Dioscuros
Cefeo, hijo de Aleus de Arcadia
Corionis, otro Lapith
Echion, semidiós, hijo de Hermes
Erginus, un nativo de Mileto

Euphemus

Euryalus

Heracles, semidiós, hijo de Zeus

Hylas, amigo y compañero de Heracles

Idas, de Mesenia

Idmón, semidiós, hijo de Apolo y originario de Argos

Iphicles

Iphitus, de Micenas

Laertes, de Argos

Lynceus, un hermano de Idas

Melampo, semidiós, hijo de Poseidón

Meleager, nativo de Calydon

Mopsus, otro Lapith

Naupilus, semidiós, hijo de Poseidón y originario de Argos

Oileus, hermano de Ajax, un conocido héroe

Orfeo, un poeta

Palaemon, semidiós, hijo de Hefesto

Peleo, un miembro de la raza de los mirmidones

Peneleos, un nativo de Boetia

Periclímeno, semidiós, hijo de Poseidón

Phalerus, un nativo de Atenas

Fanus, semidiós, originario de Creta e hijo de Dionisio

Poeas, nativo de Magnesia

Polideuces (o Pólux), hermano de Cástor y uno de los Dioscuros

Polifemo, un nativo de Arcadia

Staphylus, nativo de Creta y hermano de Phanus
Typhus, el timonel del Argo
Zetes, otro hijo de Boreas

Capítulo 6: Cuentos de Zeus

Como rey de los dioses, había naturalmente muchos mitos y leyendas sobre Zeus. Zeus era la figura paterna que presidía los asuntos de los dioses y de los hombres desde su posición en el monte Olimpo. Dicho esto, el mito griego tenía muy claro que la mayor parte del papel de Zeus en los asuntos del Hombre era de naturaleza amorosa. Si Zeus no estaba persiguiendo a esta o aquella hermosa doncella, estaba tratando de arreglar el lío que los celos de Hera habían creado. Como todo en la mitología griega parecía ser simbólico, quizás Zeus simbolizaba el poder creativo de los hombres, un poder que a menudo era más visible en su propensión a bueno, a la procreación.

Zeus y Ganímedes

Zeus tuvo muchos amores. La mayoría de ellos eran hombres, pero no todos lo eran. Ganímedes era un hermoso joven, descrito habitualmente como un príncipe de Troya. Era bisnieto de Dardanus, el fundador de Troya y el homónimo de los Dardanelos, parte del paso del Mar Egeo al Mar Negro. Enamorado del joven, Zeus lo llevó al Olimpo para que fuera el copero de los dioses.

Algunos dicen que lo consiguió adoptando la forma de viento, mientras que otros afirman que Zeus lo hizo transformándose en una manzana. Este acontecimiento mitológico fue una inspiración popular para el arte durante todo el periodo grecorromano.

Zeus y Leda

El mito de Zeus y Leda fue uno de los muchos que se inmortalizaron en el arte. Leda era la hermosa hija del rey de Etolia, una región de Grecia. Era la esposa del rey de Esparta, un tal Tyndareus. Zeus se enamoró de ella y deseó tener su camino con ella. Zeus tomó la forma de un cisne para seducirla. Ella se apareó con Zeus mientras éste tenía forma de cisne y posteriormente puso un huevo. De este huevo nacieron Helena (conocida como Helena de Troya) y Polideuces, uno de los Dioscuros. Leda también engendró a Cástor (otro de los Dioscuros) y a Clitemnestra de su marido Tyndareo. Estos últimos nacieron por parto normal y vaginal.

Zeus y Leto

Leto era más famosa por ser la madre de los importantes dioses Apolo y Artemisa. Leto también es importante, mitológicamente hablando, por ser una de las muchas conquistas de Zeus. Se decía que Leto era conocida por ser muy gentil.

En particular, el poeta Hesíodo la describió así.

Como Leto se había acostado con Zeus, se ganó la ira de Hera, que era propensa a atormentar a aquellos en los que Zeus había decidido posar sus ojos.

Leto era perseguida implacablemente por Hera, por lo que se vio obligada a vagar de ciudad en ciudad en busca de refugio. Finalmente encontró refugio en la pequeña isla de Delos. Allí dio a luz a los dioses gemelos Apolo y Artemisa. La leyenda dice que fue Artemisa quien nació primero. Artemisa creció al instante hasta convertirse en una mujer y ayudó a su madre a dar a luz a Apolo. Apolo le siguió poco después. Como Delos fue el lugar de nacimiento de Apolo, se convirtió en un lugar famoso en todo el mundo griego y en un sitio de refugio tanto en la época griega como en la romana.

Capítulo 7: Cuentos de Apolo

Apolo era uno de los dioses más importantes del Olimpo. Era el dios del sol y era adorado en toda Grecia. De hecho, pocos dioses del Olimpo contaban con más historias que Apolo. Aunque Zeus aventaja un poco a Apolo por sus numerosos amores (y las numerosas formas que adoptó para seducir a las mujeres involucradas en estos amores), Apolo quizás esté en un cercano segundo lugar en cuanto al número de mitos y leyendas. Apolo tuvo varios hijos importantes y también fue el oráculo más famoso del mundo griego: el oráculo de Delfos.

Los hijos de Apolo

Apolo amó a muchas mujeres hermosas, pero no a todas les fue bien. Apolo amaba a la ninfa Dafne, que hizo todo lo posible para salvarse del toque del dios. Se transformó en un árbol de laurel, que el dios convirtió en su emblema sagrado. Corionis no fue más afortunado. Corionis también fue amada por Apolo, pero le abandonó tras dar a luz a Esculapio, el dios de la medicina y la curación. Artemisa se vengó de esta afrenta a su hermano matándola con una lluvia de flechas. El hijo pequeño de Apolo fue arrebatado para ser criado por Hermes.

Apolo tuvo un hijo llamado Aristaeus con la ninfa Cyrene. Pero quizás el hijo más famoso de Apolo en el mito griego fue Faetón. Técnicamente, Faetón era hijo de Helios, la encarnación del sol. Helios era originalmente un dios distinto que finalmente se unió a Apolo como Apolo Helios. El lugar preferido de Helios o Apolo Helios era la isla de Rodas.

Faetón era el hijo de Apolo Helios, pero sus amigos no le creían. Pidió a su padre que le dejara conducir su carro y Apolo accedió a regañadientes. Faetón no fue capaz de controlar el caballo para conducir el carro y acabó devastando la tierra que se convirtió en Libia. Zeus le lanzó un rayo y el joven se convirtió en cisne. Viviría el resto de su vida entre las Heliades, que eran sus hermanas. Ellas se habían convertido en sauces llorones porque lloraban la muerte de su hermano. Esta es una de las muchas historias que se cuentan en *las Metamorfosis* de Ovidio.

Apolo y Casandra

Casandra es famosa como princesa de Troya, pero era conocida por las razones equivocadas. Esta princesa era conocida porque nadie creía en sus profecías.
Ella tenía que agradecer a Apolo por esto. Apolo se había enamorado de la hermosa hija del rey Príamo de Troya.

Le dio el don de predecir el futuro, pero ella le decepcionó enamorándose de otro. Apolo la castigó quitándole su capacidad de persuasión, dejándole sólo su habilidad para la profecía. Por lo tanto, Casandra quedó relegada a decir profecías sorprendentemente precisas que nadie creía.

El Oráculo de Delfos

Delfos era considerada por los griegos como el centro del mundo. Aquí se colocaba una piedra del ombligo. Delfos era el lugar donde presidía el infame Oráculo. Era capaz de pronunciar las palabras de las divinidades del Olimpo, y sus profecías siempre se cumplían. Delfos era sagrada para Apolo, pero se creía que antes lo había sido para otra, concretamente para Gea, la diosa de la tierra y abuela de Zeus.

Cuando Delfos era sagrada para Gea se llamaba Pytho. Del nombre de Pytho proceden los Juegos Píticos. El Oráculo de Apolo también se llamaba Pitia. Los Juegos Píticos eran uno de los juegos más importantes del mundo griego. Muchos venían a competir en los juegos, al igual que muchos venían a buscar el conocimiento de la Pitia. El nombre también hace referencia a la Pitón, una serpiente que Apolo venció. Las ruinas del templo de Apolo aún pueden verse en Delfos, que descansa en las laderas del famoso monte Parnaso.

Laocoonte

Laocoonte fue un sacerdote de Apolo cuya muerte ha sido inmortalizada en el arte. Un popular grupo de estatuas de la época helenística mostraba la forma en que murió este hombre, y una copia de la época romana sigue siendo apreciada en la actualidad. Laocoonte era un sacerdote troyano que desgraciadamente se ganó la ira del dios Apolo. Algunos relatos lo sitúan como uno de los muchos hijos de Príamo. Laocoonte rompió su voto de celibato casándose y procediendo a engendrar hijos con su esposa.

Laocoonte fue elegido por los troyanos para realizar los sacrificios al dios Poseidón tras la muerte del anterior sacerdote. Antes de comenzar sus tareas sacerdotales, Laocoonte advirtió al rey Príamo que "tuviera cuidado con los griegos que llevaban regalos", refiriéndose al caballo de Troya en el que se escondían los griegos para colarse en la ciudad. Laocoonte se dirigió al altar con sus hijos Antipas y Timbreo. Mientras estaban ante el altar de Poseidón, dos serpientes marinas surgieron del mar, envolvieron sus cuerpos alrededor de los tres y los mataron. Las enormes serpientes habían sido enviadas por Apolo para castigar a Laocoonte.

Apolo y Jacinto

Los dioses griegos amaban las cosas bellas, especialmente las mujeres bellas.

Sus ojos vagabundos prestaban especial atención a las vistas estéticas que ofrecía el mundo de los humanos.

Zeus era infame por esto, pero Apolo también era culpable de este ojo errante. Jacinto fue uno de los amores de Apolo. Terminaría su vida como una flor, una que todavía existe hoy en día.

 Se suele describir a Jacinto como un príncipe de Esparta, hijo del rey Amicla y de la reina Diomedes. Otros describen a Jacinto como hijo de Pierus y Clio, esta última una de las Musas. Jacinto fue asesinado por el viento del oeste, Céfiro. El viento del oeste envió un disco que golpeó al joven en la cabeza. Apolo salvó al joven que había amado transformándolo en una flor de agradable olor: el jacinto.

Capítulo 8: Los doce trabajos de Heracles

Heracles fue posiblemente el mayor héroe de la leyenda griega. Sin duda, fue el más famoso. Aunque sus hazañas se comparan con las de otros héroes como Perseo y Teseo, ninguno de estos dos podía presumir de los doce trabajos que Heracles tuvo que superar. El origen de sus trabajos fue un castigo impuesto por los dioses. Heracles era propenso a los ataques de locura, no muy diferentes a los ataques de furia de los nórdicos en las sagas. En esos ataques, Heracles mató no sólo a los hijos de su hermano, sino también a los suyos propios.

El castigo de Heracles fue servir al rey de Argos, un tal Euristeo. Al igual que los padres de Heracles, este rey descendía del héroe Perseo. Como parte de su expiación por sus crímenes, se le pidió a Heracles que realizara doce trabajos durante un período de doce años. Estos doce trabajos se consideraban imposibles; ciertamente habrían sido imposibles para un hombre ordinario. A pesar de la imposibilidad práctica de su tarea, Heracles se las arregló para superarlas todas, lo que le convirtió en un personaje permanente como el más grande de los hombres (aunque técnicamente era un semidiós, ya que era hijo de Zeus). Como a veces se representa a Heracles con la piel de un león, no debe sorprender que su primera tarea fuera vencer al león de Nemea.

Primer trabajo: El León de Nemea

El primer trabajo consistió en vencer a un león conocido como el león de Nemea. Este león se llamaba así porque vivía en un lugar llamado Nemea, cerca de Corinto. Esta zona se convertiría más tarde en la sede de una famosa competición atlética que se celebraba cada dos años y que se denominaba Juegos de Nemea. Esta competición formaba parte de un ciclo de juegos al que acudían los mejores atletas de la época histórica (un ciclo que, naturalmente, incluía los Juegos Olímpicos, los más famosos del mundo griego).

El león de Nemea era una enorme criatura que era hijo de Selene, la encarnación de la luna. El nemeo vivía en una cueva a la que sólo se podía entrar por una de las dos vías. Tras muchos intentos de vencer al león, Heracles tuvo una idea. Sellaría una de las entradas, permitiendo sólo una ruta de salida. Entonces, Heracles luchó contra el león y lo estranguló con sus propias manos, tal y como hizo con las serpientes de su cuna cuando era un bebé. Se decía que las dos bocas de la cueva del león de Nemea encarnaban los doce trabajos mismos, que tenían un principio y un final.

Segundo Trabajo: La Hidra de Lernea

Las hidras eran monstruos con múltiples cabezas. Cada vez que se cortaba una cabeza, volvía a crecer una, lo que convertía a la hidra en una corriente aparentemente imbatible.

De hecho, la Hidra de Lernea parece el peor jefe de un juego de Nintendo de los años 90.

En este momento, Heracles estaba acompañado por su amigo Iolaus, que estaría presente en muchos de los trabajos. Iolaus ayudó a Heracles quemando los muñones de las cabezas de la hidra después de que Heracles las cortara para evitar que las cabezas volvieran a crecer.

Con sus cabezas incapaces de volver a crecer, la hidra fue derrotada lentamente hasta que Heracles pudo finalmente vencer a la terrible bestia. Pero esta labor no estaba hecha. Heracles mojó sus flechas en la sangre de la hidra, fortificándolas así con un veneno mortal.

Tercer trabajo: El jabalí de Erymanthus

El jabalí era un animal feroz que habitaba una zona de campos y bosques. En la época de este trabajo, los campos del jabalí de Erymanthus estaban cubiertos de nieve. Heracles cazó al animal a través de campos que estaban a centímetros de profundidad con nieve. Heracles decidió que la mejor manera de vencer al animal era capturarlo y entregarlo en lugar de simplemente matarlo y dar a Euristeo de Argos la prueba de su victoria. Quizá el verdadero objetivo de Heracles era asustar al rey, ya que los dioses y los héroes tenían fama de ser juguetones.

Así que Heracles llevó vivo al jabalí de Erymanthus al rey Eurystheus de Argos.

Se dice que el rey se asustó tanto al ver al famoso jabalí que se escondió para no ser dañado. Se escondió en una jarra de bronce lo suficientemente grande para un hombre, donde Heracles lo encontró.

Cuarto Trabajo: La cierva de Ceryneia

Puede que estés empezando a ver un patrón. Los primeros trabajos de Heracles parecen implicar la superación de criaturas grandes o fabulosas, lo que parece poco más que un ejercicio de fuerza bruta por parte del héroe tebano. La cierva de Ceryneia se llamaba así porque vivía en Arcadia, que es una tierra boscosa en el centro de la península del Peloponeso. Esta era una gran península que cubría esencialmente la mitad sur de Grecia. En esta península se encontraban varias ciudades, como Esparta, Argos y Elis. Corinto estaba situada en el istmo que conectaba esta península con la Grecia continental. Las principales ciudades de Arcadia se llamaban Tegea y Mantinea.

Se decía que la cierva de Ceryneia era un hermoso animal: un ciervo. La tarea de Heracles era capturar esta cierva. Matarla podría haber enfadado a la diosa Artemisa, así que simplemente capturarla evitaría al héroe la ira de esta diosa. El ciervo corrió muy rápido, dificultando al héroe su captura. Se decía que tenía pies de bronce y cuernos del color del metal dorado. La cierva era tan veloz que Heracles sólo pudo capturarla tras un año de intentos. Llevó la cierva a Euristeo ilesa.

Quinto Trabajo: Los pájaros de Stymphalian

Los pájaros tienen algo realmente aterrador, y los de Stymphalian no eran una excepción. Eran pájaros de bronce, con sus garras, picos y alas hechos de este poderoso metal. Los pájaros de Stymphalian tenían apetito por la carne de los humanos. Los pájaros eran tan numerosos que su forma borraba el sol cuando volaban todos juntos. El primer obstáculo de Heracles era encontrar la manera de asustarlos. La segunda parte era hacer que no volvieran nunca más a las tierras que asolaban. Heracles consiguió asustar a los pájaros utilizando un gigantesco sonajero de bronce para crear un ruido horrible. Heracles contó con la ayuda de la diosa Atenea, a la que, al parecer, no le gustaban demasiado los pájaros (o, al menos, no los de este tipo). El cascabel funcionó y los pájaros de Estínfalo volaron y nunca más se supo de ellos.

Se decía que los poderes curativos atribuidos a Heracles estaban asociados a sus hazañas en esta labor.
Heracles curó la tierra deshaciéndose de los temibles animales que la asolaban.
Se decía que Heracles tenía la capacidad de curar la agonía o la fiebre.

Como las fiebres eran poco conocidas en esta época, la capacidad de curarlas era suficiente para reunir en torno a uno muchos devotos. Además, la adquisición de la fiebre en Grecia estaba asociada a la vida en zonas pantanosas en las que predominaban las grandes aves, como los ibis y las grullas. Los pájaros de Stymphalian pueden haber sido modelados en estas aves asociadas al arte egipcio.

Sexto Trabajo: Los establos de Augean

El punto medio de los trabajos de Heracles fue uno de los más interesantes. A Heracles se le encargó la limpieza de los establos del rey Augeus. Heracles sólo tenía un día para realizar esta labor. Augeus era el rey de Elis, que se encontraba en el extremo occidental del Peloponeso. Esta era la zona de Grecia donde más tarde se celebrarían los Juegos Olímpicos.

Heracles tenía una gran tarea para limpiar estos pestilentes establos, pero consiguió llevarla a cabo. Lo hizo desviando ingeniosamente el curso de dos ríos.
Estos ríos se encontraban cerca de los establos del rey Augeus, y al desviarlos pudo lavar los establos de su estiércol y enfermedades sin tener que manejar cada establo o caballo individualmente.

Esta labor ha dado lugar a un eufemismo que se refiere a la tarea de tener que limpiar una zona que está sucia, aunque la suciedad represente un problema religioso o moral.

Séptimo Trabajo: El Toro Cretense

Creta era una tierra asociada a los toros. Esto se debe a que los cretenses habían perfeccionado el arte de la danza del toro desde el periodo minoico. De hecho, algunos de los primeros artistas que se encuentran en la Grecia actual proceden del periodo minoico en Creta. En la época de este trabajo, un toro aterrorizaba la isla. La tarea de Heracles era capturar a este toro y regresar con él en la mano a la Grecia continental. Este toro fue matado más tarde por Teseo, que era conocido por su destreza contra los toros. Al superar esta labor, Heracles logró cumplir una de las tareas que se asociaban a los héroes. Este tipo de prueba también se había impuesto a Jasón y Teseo.

Octavo Trabajo: Los caballos de Diomedes

Este Diomedes en particular vivía en Tracia. Sus caballos eran yeguas suaves a las que Diomedes alimentaba con carne humana. Los monstruos que comían la carne de las personas era un tropo común en la leyenda griega. Aunque los caballos que cenaban carne era una novedad. Heracles superó esta tarea matando primero a Diomedes y luego alimentando a los caballos con su carne.

Después de este acto, se decía que los caballos se comportaban de forma más dócil y maleable que antes. La doma de caballos por parte de un héroe se consideraba un rito crucial en muchas de las primeras sociedades europeas, e incluso hubo ecos de ello en el Nuevo Mundo (después de que los caballos fueran introducidos por los españoles).

Noveno Trabajo: La faja del Amazonas

Hipólita fue la reina más famosa de las Amazonas. Según una leyenda, más tarde sería derrotada por Teseo de Atenas, con quien tuvo un hijo llamado Hipólito. La tarea de Heracles era obtener el cinturón de Hipólita. El rey Euristeo pretendía utilizar esta faja amazónica como regalo para su hija, la princesa. Según un relato de esta labor, Hipólita se enamoró de Heracles y le entregó la faja voluntariamente. Tiene sentido, ya que se dice que las mujeres amazonas sentían predilección por los hombres fuertes y masculinos como Heracles.

Décimo Trabajo: El ganado de Geryon

Gerión era el nombre de un monstruo con tres cabezas. Sin embargo, a diferencia de otros monstruos, Gerión tenía un rebaño de ganado por el que era bastante famoso en Grecia. Esta historia tiene ecos de las diversas historias sobre gigantes de la mitología nórdica, pero hacemos un inciso.

Euristeo era uno de los que envidiaba al monstruo multi céfalo su ganado, y fue labor de Heracles conseguirlo.

Se esperaba que Heracles robara el ganado, una antigua costumbre, lo que hizo con destreza. Al parecer, en la Europa primitiva no era común que los hombres robaran ganado y luego utilizaran las ganancias de un viaje en ganado para pagar el precio de una nueva esposa.

Undécimo Trabajo: El robo de Cerberus

Cerbero era el famoso sabueso que custodiaba la entrada al Tártaro, el inframundo. Cerbero era un perro de tres cabezas cuyo trabajo consistía en impedir que entraran en el inframundo personas que no debían estar allí. La labor de Heracles era llevar al sabueso de vuelta a Argos, aunque Euristeo nunca esperó que Heracles tuviera éxito en la tarea. Tener éxito donde significaría viajar a la tierra de los muertos, entrar y salir con vida, y luego regresar a la tierra de los vivos.

Afortunadamente para Heracles, contó con ayuda divina en esta labor. Los dioses Atenea y Hermes se ofrecieron a ayudarle. Con su ayuda, Heracles logró vencer tanto a Hades, el dios del inframundo, como a Cerbero. Llevó al perro de tres cabezas de vuelta al rey Euristeo, que de nuevo saltó al interior de una jarra de bronce para esconderse. No era un rey especialmente valiente, de ahí la necesidad de que Heracles hiciera todo el trabajo pesado.

El duodécimo trabajo: Las manzanas de las Hespérides

Las Hespérides eran las hijas de Atlas. Atlas era el Titán que fue condenado a llevar el cielo sobre sus hombros por liderar a los Titanes contra los Olímpicos. Las manzanas de oro de las Hespérides eran en realidad propiedad de Hera, esposa de Zeus. El trabajo de un dragón llamado Ladón era custodiar las manzanas contra cualquiera que intentara tomarlas. Atlas era el único que sabía dónde se encontraba el huerto de manzanas, así que Heracles acudió a él para pedirle información. Heracles se ofreció a llevar el cielo sobre sus propios hombros si Atlas iba a buscar algunas de las manzanas. Según algunas leyendas, tras el regreso de Atlas, Heracles le engañó para que volviera a llevar el cielo sobre sus hombros. Otras dicen que Atlas fue liberado por Heracles.

Capítulo 9: Cuentos ligeros de dioses y héroes griegos

No todas las historias del mito y la leyenda griegos tenían que ver con los dioses principales, como Zeus y Apolo, o con héroes más conocidos, como Perseo, Teseo y Jasón. El mundo griego estaba plagado de historias de este o aquel personaje que podía tener una importancia regional o un papel menor en el panorama general de la mitología griega. Una de las cosas que distingue a la mitología griega es la profusión de historias, y en este capítulo exploraremos algunas de las historias pintorescas, si no esenciales, del mito griego. Por supuesto, hay muchas historias de este tipo y en este capítulo sólo tenemos tiempo para una pequeña selección.

Edipo y sus hijos

Edipo, aunque no es un dios ni un héroe, fue una de las figuras más importantes del mito griego.

Edipo es especialmente conocido por el tratamiento que se le da en el drama griego, y es interesante examinar la importancia que tendría como figura si los dramaturgos griegos no se hubieran ensañado con su vida. El nombre de Edipo significaba "pie hinchado" en griego. Era hijo del rey de Tebas, Layo, de su esposa Yocasta. Sería padre de varios hijos: Antígona, Eteocles, Ismene y Polinices.

Layo había escuchado el pronunciamiento del oráculo de que su hijo mataría a su padre y se casaría con su madre, por lo que abandonó a su hijo pequeño en una ladera. En la antigua Grecia, era común abandonar a los niños no deseados (o a los que no se podía cuidar) de esta manera. Antes de abandonar a su hijo, Layo le perforó el pie, razón por la cual Edipo recibió el nombre del pie hinchado. Un pastor encontró al niño y lo llevó al rey de Corinto, que lo crió. Edipo escuchó la historia de que mataría a su padre y se casaría con su madre, por lo que abandonó Corinto, pensando que el rey y la reina de Corinto eran sus verdaderos padres.

Edipo acabó encontrándose con Layo en una encrucijada. Tuvieron un altercado y Edipo lo mató. Luego fue a Tebas, donde respondió con éxito a un acertijo inventado por la Esfinge. Como resultado, ganó la mano de la reina de Tebas, que era su madre Jocasta.

Se casó con ella sin saber que era su madre, y cumplió sin querer las profecías de la Esfinge. Cuando se enteró de la verdad, Edipo se cegó a sí mismo porque ya no podía enfrentarse a la realidad. Se exilió en el Ática mientras sus hijos luchaban entre sí por el control de Tebas. Esta es la historia de los Siete contra Tebas. Edipo fue acompañado por su hija Antígona, que acompañó fielmente a su padre ciego en sus andanzas.

Artemisa y Acteón

La historia de Artemisa y Acteón era importante en el compendio de relatos sobre Artemisa. Revela su carácter de diosa y la diferencia de Afrodita, por ejemplo. Acteón era un apuesto cazador, nieto de Cadmo e hijo de una tal Autonoe. Estaba cazando con sus feroces perros en el bosque cuando tuvo la desgracia de encontrarse con Artemisa desnuda bañándose en un río del bosque. No pudo apartar la vista aunque sabía que ver a la diosa desnuda tendría consecuencias. Cuando apartó la mirada, ya era demasiado tarde. La diosa se veneró a sí misma por la afrenta poniendo a los propios perros del hombre sobre él. Los perros de caza despedazaron a Acteón.

El mito de Aracne

Aracne era una princesa de Lidia muy conocida por sus habilidades en el telar. Los espectadores decían que debía haber sido entrenada por la propia Atenea, y la orgullosa muchacha se ofreció a competir contra la diosa en una competición. Atenea, molesta, aceptó la invitación. La doncella era tan buena tejiendo que Atenea no pudo encontrar ningún fallo. La doncella había tejido escenas de los dioses divirtiéndose en sus felices fiestas. Atenea rompió el trabajo y destrozó el telar. Aracne quiso ahorcarse, pero Atenea la convirtió en una araña, maldita a deleitarse siempre con las telas de araña.

Cupido y Psique

Cupido, conocido como Eros por los griegos, era el dios del amor. Le llamamos aquí Cupido porque es el nombre por el que es más conocido. Representaba el lado caótico del amor y, por ello, era temido y adorado por sus devotos. No está claro quiénes fueron sus padres en el mito, pero normalmente se le considera hijo de Afrodita. Su padre era Zeus, Ares o Hefesto, según la fuente antigua que se consulte.
Psique era la princesa más bella del mundo. Afrodita, furiosa, ordenó a su hijo que castigara a la muchacha haciendo que se enamorara de alguien vergonzoso.

En cambio, Cupido se arañó accidentalmente con su propia flecha y así se enamoró. Llevó a la princesa a un palacio y posteriormente se casó con ella, pero no reveló quién era. A la muchacha se le ordenó no mirarle nunca a la cara, mandamiento que obedeció, pero de todos modos se enamoró de él. Pero un día, las hermanas de Psique la convencieron de que intentara ver su rostro. Ella encendió una lámpara y vio la hermosa forma del joven dormido. En un instante, todo el bello entorno que se había forjado para ella desapareció. Afrodita persiguió a Psique por todo el mundo griego hasta que Eros convenció a Zeus de hacerla inmortal. El dios consintió y la boda de Eros (Cupido) y Psique se celebró fastuosamente en el Olimpo.

Capítulo 10: La guerra de Troya

La guerra de Troya fue un acontecimiento determinante en la mitología y la historia griegas. Aunque es imposible saber si los principales actores de este drama fueron hombres y mujeres que vivieron realmente, lo cierto es que griegos y romanos los consideraron reales, e incluso entrelazaron los acontecimientos del conflicto con su propia historia. El mejor ejemplo de ello es la ascendencia que los romanos trazaron hasta Eneas, que abandonó Ilión para dirigirse a Italia tras la guerra de Troya.

Como todo en la mitología griega, el conflicto troyano estaba lleno de simbolismo. Un motivo común en la mitología griega era la idea de que el orgullo era un pecado que a menudo conducía a la caída del hombre. Los hombres y las mujeres solían ser castigados por su orgullo contra los dioses, como demuestran historias como la de Aracne, Edipo y otras. Las profecías pronunciadas por los oráculos eran dioses serán transmitidas a los hombres, y aquellos que se negaran a obedecerlas se encontrarían con que todos sus esfuerzos sólo servían para que la profecía se cumpliera.

La cuestión se convierte entonces en lo que el conflicto troyano pretendía simbolizar.

También había un elemento de orgullo en este conflicto. Los líderes griegos fueron demasiado orgullosos para unirse y derrotar a los troyanos, lo que les obligó a invertir diez años en un conflicto que podría haberse ganado en un año. Algunos guerreros griegos, como Aquiles, también mostraron su orgullo, lo que los llevó a la ruina. También los troyanos fueron orgullosos en su intento de burlar la voluntad de los dioses, que parecían haber marcado la ciudad de Troya para su destrucción. Finalmente, la belleza de Helena resultó ser una bendición más que una maldición, lo que provocó la caída no sólo de los troyanos sino de la mayoría de los griegos.

El juicio de París

Helena se sitúa en el centro del conflicto troyano, pero la historia comienza realmente con Paris. Paris era un príncipe de Troya, una gran ciudad situada en la costa occidental de Turquía. Esta ciudad había permanecido enterrada durante siglos y se desconocía su ubicación exacta hasta que un arquitecto llamado Schliemann la descubrió. Los troyanos no eran griegos, aunque en los mitos parecen equivalentes a los griegos, adorando a los mismos dioses y realizando las mismas prácticas generales que los griegos.

Eris, la diosa de la discordia, estaba enfadada por no haber recibido una invitación a la boda de Peleo y Tetis, que eran los padres de Aquiles. Por despecho, Eris dejó caer una manzana de oro en el banquete nupcial.

Tenía una inscripción con las palabras: "A la más bella". Naturalmente, esto provocó una disputa entre las diosas Afrodita, Atenea y Hera, cada una de las cuales se creía la más bella. En algunas versiones de la historia, Atenea es sustituida por Artemisa. Estas diosas pidieron a Zeus que eligiera entre ellas, pero él declinó este dudoso honor. En su lugar, envió a Hermes a pedirle a Paris que hiciera la elección. Paris era considerado el más guapo de los hombres que vivían entonces, por lo que parecía natural que fuera él quien tomara la decisión.

Para ganarse a Paris, cada una de las diosas se ofreció a sobornarlo con algo de valor. Hera ofreció convertirlo en el más poderoso de los hombres, un gran rey de la tierra. Atenea le ofreció hacer de él el más sabio, un hombre cuyos conocimientos atrajeran a todos desde lejos. Pero Afrodita le ofreció darle la mujer más bella del mundo, Helena, esposa del rey Menelao de Esparta. Paris no dudó en conceder la manzana a Afrodita. Hera y Atenea (o Artemisa) se convirtieron desde entonces en enemigas implacables de Paris, haciendo todo lo posible por ayudar a sus enemigos entre los griegos. Paris se llevó a Helena en su barco a Troya, lo que hizo que los líderes griegos se reunieran para decidir qué hacer.

Ifigenia en Aulis

Los líderes griegos se reunieron para planificar un curso de acción. El líder de los griegos era Agamenón, que fue elegido porque gobernaba la ciudad griega más poderosa y porque también era el hermano de la parte ofendida, el rey Menelao de Esparta. La diosa Artemisa se enfureció porque Agamenón la había ofendido y exigió la vida de su hija Ifigenia en sacrificio. Otros dicen que la princesa Ifigenia fue sacrificada para dar a los griegos un paso seguro en su viaje a Troya. La reina Clitemnestra, esposa de Agamenón, le suplicó a su marido que no sacrificara a su hija, pero éste la ignoró. Por lo tanto, Ifigenia fue sacrificada en el altar de Aulis, lo que le valió a Agamenón el odio de por vida de su esposa Clitemnestra, un odio que los destruiría a todos. Esta historia sería objeto de dramas de Eurípides y Sófocles, que sirvieron para hacer de este mito uno de los más conocidos del canon griego.

Aquiles y Patroclo

Aquiles fue el mayor héroe del bando griego durante la Guerra de Troya. Era hijo de Peleo y Tetis, una ninfa que se casó con su marido en una fastuosa ceremonia. Tetis temía por la seguridad de su hijo, por lo que lo sumergió cuando era un bebé en las aguas del río Estigia, pero tuvo que sujetarlo por el tobillo, lo que dejó este punto vulnerable.

Aquiles fue a la guerra en el bando griego acompañado por su querido amigo y compañero Patroclo. Había muchos en el bando troyano que querían matar a Aquiles por su destreza, pero todos los intentos fracasaron. Aquiles también tenía enemigos en el bando griego, especialmente Agamenón, con quien Aquiles se peleó por la bella Briseida. Esto hizo que Aquiles se retirara de la guerra.

Más tarde, Patroclo se unió a la guerra en lugar de Aquiles. Patroclo iba vestido con la famosa armadura del guerrero griego. El amigo de Aquiles fue buscado por Héctor, príncipe heredero de Troya, y fue asesinado. I
En venganza, Aquiles luchó contra Héctor y este último héroe también fue asesinado.

Aquiles llevó el cuerpo de Héctor alrededor de las murallas de la ciudad de Troya en su carro hasta que finalmente accedió a entregar el cuerpo a Príamo, el rey de Troya y padre de Héctor.

La muerte de Aquiles

Los troyanos buscaban venganza por la forma en que su héroe Héctor había sido tratado por Aquiles, aunque este último finalmente permitió que el príncipe troyano tuviera un entierro honorable. Paris sería el encargado de llevar a Aquiles a su fin. Algunos autores afirman que fue Apolo quien guió la flecha de Paris en aquel fatídico día. Sea como fuere, Paris de Troya lanzó una flecha que alcanzó al héroe en su único punto débil, el tobillo donde su madre lo había sujetado al sumergirlo en el río Estigia.

Las secuelas: Agamenón y Clitemnestra

La guerra se prolongaría hasta que los griegos tuvieron la idea de entrar a través de las altas murallas de Troya mediante el engaño. Fabricaron un gigantesco caballo de madera en el que los guerreros podían esconderse (por dentro), el famoso Caballo de Troya. Los ingenuos troyanos llevaron el regalo griego a su ciudad, y durante la noche los guerreros entraron. Levantaron las puertas y los habitantes de Troya fueron masacrados. La guerra finalmente había terminado. Agamenón parecía tener suerte de volver a casa de una pieza, a diferencia de Odiseo, que se quedaría viajando por el mundo durante otros diez años.

Pero Agamenón no tendría tanta suerte. Su esposa Clitemnestra todavía le despreciaba por el sacrificio de su hija Ifigenia todos esos años antes. Para colmo de males, Agamenón trajo consigo a Casandra, la famosa princesa de Troya que, según las profecías, tanto Agamenón como Casandra serían asesinados por Clitemnestra y su amante, Egisto. Agamenón fue ahogado en una bañera, mientras que Clitemnestra encontraría su propio fin a manos de sus vengativos hijos Electra y Orestes.

Capítulo 11: Veinte datos esenciales sobre el mito y la leyenda griegos

Primer hecho: Hades no se contaba entre los olímpicos.

Hubo cierto debate sobre qué dioses debían contarse entre los olímpicos, pero Hades ciertamente no era uno de ellos. Esto se debe a que Hades era el dios del inframundo, donde tenía su trono. Poseidón también era el gobernante de un reino que era una división del mundo, pero debido a que su trono estaba en el Olimpo fue contado como un olímpico. El trono de Hades no estaba en el Olimpo, por lo que no se contaba entre ellos.

Segundo hecho: Los textos más antiguos que detallan los dioses de la Antigua Grecia son la Ilíada y la Odisea.

El mito griego tiene la suerte de contar con dos documentos canónicos que pueden utilizarse como fuentes para lo esencial de la religión griega. Los principales dioses y otras criaturas se tratan en estas obras, lo que demuestra que los fundamentos de la religión griega se conservaron relativamente intactos durante cientos de años. Se cree que Homero vivió en el siglo VIII o IX a.C., lo que le situaría unos cuatrocientos años antes de la edad de oro de la civilización griega.

Tercer hecho: Hades no sólo era el nombre del dios del inframundo, sino también del propio inframundo.

Un hecho interesante sobre Hades, el dios del inframundo, es que su nombre no sólo se utilizaba para el propio dios, sino que también se refería a la tierra que gobernaba. Así, se puede hablar de que fulano fue enviado al Hades (el lugar), etc.

Hecho cuatro: Antes de los dioses olímpicos, estaban los titanes.

Muchos aficionados a la mitología griega conocen a los Titanes. Aunque no son tan famosos como los olímpicos, los titanes fueron los dioses que los precedieron.
A veces presentados como gigantes, los Titanes no sólo eran los predecesores sino también los antepasados de los Titanes. Así, Zeus y muchos otros dioses del Olimpo eran en realidad hijos de Cronos, que reinaba como rey de los Titanes (y del universo) antes de ser derrocado por Zeus.

Hecho cinco: Los dioses olímpicos derrocaron a los titanes para convertirse en gobernantes del universo.

Los titanes gobernaron antes que los olímpicos. Los titanes eran representados a menudo como gigantes, y la guerra entre los olímpicos y los titanes se llamaba a veces Titanomaquia o Gigantomaquia (guerra de los gigantes). A Cronos le habían dicho una profecía de que sería derrocado por sus hijos, así que se los tragó a todos. El último de todos ellos fue Zeus, pero la esposa de Cronos, Rea, entregó a su marido una piedra envuelta en mantas en lugar del bebé. Zeus crecería para matar a su padre y apresar a los gigantes.

Hecho seis: Zeus y sus hermanos echaron a suertes quién controlaría cuál de los tres reinos del universo.

Zeus, Poseidón y Hades echaron a suertes quién gobernaría el cielo, el mar y el inframundo. Aunque Zeus era el más joven, echó la suerte que le permitió ser el rey del cielo y, en general, el rey de los dioses.
Poseidón sorteó el mar, mientras que Hades lo hizo con el inframundo.

Hecho siete: Hera no fue la primera esposa de Zeus.

Hera fue la más famosa, y ciertamente la más celosa, esposa de Zeus. Pero no fue la primera. Antes de Hera, había estado Metis. Metis sería la madre de Atenea. Los estudiosos debaten si Metis fue realmente una esposa, pero muchos afirman que lo fue. Zeus temía que su hijo con Metis fuera más poderoso y más sabio que él, así que se la tragó, pero Atenea un día le reventaría el cráneo con la ayuda de Hefesto (o algunos dicen que Apolo o Hades).

Hecho ocho: La lista exhaustiva de los olímpicos es objeto de debate, ya que algunos cuentan con Hestia entre el número, mientras que otros cuentan con Dionisio.

Se suelen contar doce dioses entre los olímpicos, de los cuales se cuentan siempre Zeus, Hera, Afrodita, Apolo, Hermes, Ares, Hefesto, Atenea, Artemisa, Poseidón y Deméter. Pero los compiladores de la lista no se ponen de acuerdo sobre si se debe contar a Dionisio o a Hestia. Muchas listas cuentan a Dionisio por ser más famoso en los tiempos modernos, mientras que otras cuentan a Hestia porque argumentan que era la más antigua de todos los dioses olímpicos y su culto era en general más significativo que el de Dionisio.

Noveno hecho: Los romanos tomaron la mayoría de sus dioses del panteón de dioses y diosas griegos.

Un simple vistazo a la lista de deidades romanas revela que los romanos recibieron sus dioses de los griegos. Los romanos también consideraban que sus dioses residían en el monte Olimpo y contaban con los mismos dioses que los griegos, sólo que les daban nombres diferentes. Los dioses de los romanos se llamaban Júpiter, Juno, Venus, Apolo, Mercurio, Marte, Vulcano, Minerva, Diana, Neptuno y Ceres.

Hecho diez: La mayoría de las ciudades griegas tenían su templo principal dedicado a su dios patrón, pero también habría otros templos dedicados al resto de divinidades.

El mundo griego está plagado de templos antiguos, de los cuales los más famosos se encuentran en lugares como Atenas y Corinto, así como en sitios del sur de Italia y Sicilia. En el mundo griego era habitual que en cada ciudad o pueblo grande hubiera un gran templo dedicado al dios patrón de la ciudad. Así, el templo principal de Atenas era el Partenón, dedicado a Atenea.

Hecho once: Zeus ganó una apuesta cuando Tiresias consideró que él tenía razón sobre el sexo y no Hera. (La diosa lo dejó ciego como castigo).

Zeus y Hera tuvieron una interesante discusión. La discusión versaba sobre si los hombres o las mujeres obtenían más placer de las relaciones sexuales. Hera afirmaba que los hombres obtenían más placer, mientras que Zeus afirmaba que eran las mujeres las que más disfrutaban del acto. Un hombre llamado Tiresias, que había vivido como hombre y como mujer, determinó que era la mujer la que obtenía más placer, y en respuesta, Hera le dejó ciego.

Hecho doce: Hestia fue el primero de los dioses olímpicos en nacer.

Hestia, hermana de Zeus, fue en realidad la primera deidad nacida de Cronos y Rea, de la raza de los Titanes. Cronos se tragó a todos sus hijos porque no quería que su descendencia lo superara y lo derrocara. Por lo tanto, Hestia no sólo fue el primer hijo nacido, sino también el primero en ser tragado.

Hecho trece: Hoy en día, Cupido o Eros se representa a menudo como un niño, pero originalmente se le describía como un joven apuesto.

Hoy en día, Cupido o Eros suele ser representado como un bebé alado
disparando sus flechas al azar sobre esto o aquello, pero en la Antigua
Los tiempos griegos, en realidad era un joven apuesto.
Este era el joven que se había enamorado de Psique y era amado por ella a cambio.

Hecho catorce: Tanto Apolo como Helios eran técnicamente dioses del sol.

Los antiguos griegos tenían dos dioses del sol. Apolo era un dios del sol (así como un dios de otras cosas). y Helios también era un dios del sol. Algunos piensan que Helios era la encarnación del sol mismo, mientras que Apolo era el dios que controlaba el sol y era responsable de los beneficios del mismo. Este estado de cosas se resolvió posteriormente al asociarse Helios con Apolo como una versión o identidad de éste, como un avatar.

Hecho quince: Tanto Artemisa como Selene eran diosas de la luna.

Esta misma situación se aplicaba también a la luna. Artemisa era la diosa de la luna, pero también lo era Selene. De la misma manera que Apolo podía ser responsable del sol mientras que Helios era el propio sol, también podía decirse que Selene era la encarnación de la luna. En épocas posteriores, Selene llegó a ser adoptada como una encarnación de Artemisa (al igual que Apolo y Helios).

Hecho dieciséis: Zeus era conocido por disfrazarse cuando cortejaba a sus intereses amorosos.

Zeus era famoso no sólo por hacer todo tipo de travesuras con las damas, sino también por ser un maestro del disfraz cuando se trataba de esta búsqueda. El rey de los dioses cortejó a Leda en forma de cisne, y enamoró a Dánae acudiendo a ella en forma de lluvia dorada.

Hecho diecisiete: El Oráculo de Delfos daba sus profecías en forma de respuestas crípticas a preguntas.

Se decía que el Oráculo de Delfos pronunciaba las palabras que le llegaban del dios Apolo. Pero no las pronunciaba de forma ordinaria. Sus respuestas eran casi siempre crípticas y debían ser interpretadas por sus oyentes para obtener el verdadero significado. Este oráculo era consultado por los griegos desde tiempos inmemoriales, y se decía que esta sibila estaba consagrada originalmente no a Apolo, sino a Gea, la diosa de la tierra.

Hecho dieciocho: Se podría decir que fue Eris la responsable de la Guerra de Troya, no Paris.

Eris era la diosa de la discordia. Era una diosa poco conocida, pero compensó este estado de cosas desencadenando la Guerra de Troya.

Cuando no fue invitada a la boda de Peleo y Tetis, Eris se vengó dejando caer una manzana de oro en la multitud. En la manzana estaban escritas las palabras: "a la más bella". Este acto hizo que Afrodita prometiera a Paris a Helena como recompensa por elegirla como la más bella. Por lo tanto, parece que la culpa de este conflicto fue de Eris y no de Paris o Afrodita (o incluso de la propia Helena).

Hecho diecinueve: La mitología griega se practicaba en regiones fuera de las fronteras de la Grecia actual.

Uno de los hechos más sorprendentes de la mitología griega es que se practicaba fuera de Grecia. Era la religión de los griegos allí donde vivían, ya sea en el sur de Italia, en Sicilia, en el norte de África o en las costas de la actual Turquía. De hecho, muchas de las grandes ciudades de "Grecia" se encontraban fuera de la patria griega tradicional en la que pensamos hoy.

Hecho veinte: Gran parte de nuestra información sobre la mitología griega no procede de los griegos, sino de los romanos.

Los romanos nos dejaron algunas obras muy importantes que ayudaron a transmitir los conocimientos que se originaron con los griegos. Una de las más importantes fue también de las más
interesante. Se trata de la Metamorfosis de Ovidio. Entre los cuentos que se cuentan aquí están los de Cupido y Psique y Atenea y Aracne.

Lista de dioses griegos y otros personajes

Acelo: un dios del río que luchó contra Heracles por la mano de Deianira.

Aquiles: Héroe griego de la guerra de Troya. Pertenecía a la raza de los mirmidones. Su amado era Patroclo.

Adonis: la encarnación de la belleza masculina y el amado de Afrodita.

Egeo: Rey de Atenas y padre de Teseo.

Eneas: príncipe de Troya y padre de Rómulo y Remo.

Agamenón: Rey de Micenas y esposo de Clitemnestra.

Amazonas: mujeres guerreras que a menudo luchaban contra los griegos, como en la guerra de Troya.

Andrómaca: esposa de Héctor, hijo y heredero del rey Príamo de Troya.

Andrómeda: hija del rey de Etiopía y esposa de Perseo.

Antígona: hija fiel del desdichado Edipo.

Afrodita: diosa del amor; probablemente se originó fuera de Grecia.

Apolo: dios del sol, de la moderación y de todo lo masculino.

Aracne: mujer que desafió a Atenea a una competición y fue transformada en araña.

Ares: el dios griego de la guerra.

Ariadna: princesa de Creta que se enamoró de Teseo y le ayudó a encontrar la salida del Laberinto. Más tarde la abandonó en la isla de Naxos.

Artemisa: diosa de la caza y la luna. Hija de Leto y hermana de Apolo.

Asclepio (Asclepius): hijo de Apolo y dios griego de la medicina y la salud.

Astreus: Un Titán que engendró a Boreas en Eos, la diosa del amanecer.

Atenea: diosa griega de la sabiduría y patrona de la ciudad de Atenas: hija de Zeus y Metis.

Atlas: Un Titán que fue maldecido para llevar el cielo sobre sus hombros por liderar a los Titanes contra los dioses.

Atreo: antepasado de la Casa de Atreo, o de los Atreides, familia a la que pertenecían Agamenón y Menelao

Boreas: El viento del norte. Boreas era hijo de Eos, la aurora, y de Astreus, un Titán.

Casandra: hija de Príamo y famosa porque nadie creía en sus profecías. Apolo la castigó con esta habilidad después de que le fuera infiel.

Casiopea: esposa del rey de Etiopía y madre de Andrómeda, la esposa de Perseo. Se convirtió en una constelación en el hemisferio norte junto con su marido, Cefeo.

Cástor y Pólux: hijos de Leda. Cástor fue engendrado por Tyndareus mientras que Pólux (o Polideuces) fue engendrado por Zeus.

Centauros: animales infames que eran mitad hombre y mitad caballo. Quirón era un centauro gentil que era el más famoso de todos.

Cefeo: el rey de Etiopía y padre de Andrómeda

Cerbero: el sabueso del inframundo.

Quirón: el más conocido de todos los centauros.

Cronos: Titán y padre de Zeus por su esposa Rea. Se tragó a todos sus hijos para evitar que se alzaran contra él.

Cibeles: importante diosa de la tierra asociada a ritos muy antiguos.

Dédalo: herrero de los dioses.

Dardanus: según Homero, fue el fundador de la ciudad de Troya, que protagonizó el conflicto de la Guerra de Troya.

Dike: en el mito griego, Dike era la personificación viva de la justicia.

Dionisio: hijo de Zeus y dios del vino. Era famoso por los rituales que rodeaban su culto, conocido por los romanos como las Bacanales.

Equidna: un monstruoso hijo de Gea que era mitad hombre y mitad serpiente.

Eco: una ninfa de la montaña maldecida por Hera para repetir sus palabras una y otra vez.

Eirene: la personificación griega de la paz.

Endimión: un hijo de Zeus que se enamoró de Selene, diosa de la luna.

Eos: diosa de la aurora.

Erebus: la personificación de las tinieblas; padre de Ether o Aether

Erecteo: un rey de Atenas del que se decía que tenía forma de serpiente

Erinyes: diosas encargadas de vengar un agravio.

Eris: la diosa de la discordia.

Eros (o Cupido): hijo de Afrodita y dios del Amor. Era conocido por su amor a Psique.

Gea: la madre tierra, era la abuela de Zeus. Fue la madre de Urano, Cronos y varios otros.

Ganímedes: un hermoso príncipe de Troya que fue amado por Zeus. Fue llevado al Olimpo para servir a los dioses.

Hades: dios del inframundo.

Hebe: hija de Zeus y Hera, servía de copera a los dioses del Olimpo. Se dice que se convirtió en la esposa de Heracles después de que éste fuera deificado y llevado al Olimpo para vivir.

Hécate: una antigua diosa del inframundo.

Helena: hija de Leda y Zeus y esposa del rey Menelao de Esparta. Su secuestro por parte de Paris desencadenó la Guerra de Troya.

Helios: dios del sol, posteriormente identificado con Apolo. Su lugar sagrado era Rodas.

Hefesto: el herrero de los dioses.

Hera: esposa de Zeus y reina del Olimpo. También se la asociaba a la crianza de los hijos y a los asuntos de las matronas.

Heracles: héroe griego famoso por sus doce trabajos.

Hermes: mensajero de los dioses e hijo de Zeus.

Hestia: Diosa del hogar.

Jacinto: un hermoso joven que fue amado por Apolo. Se convirtió en una flor, el jacinto.

Hygeia: la diosa de la salud.

Hypnos: el dios del sueño.

Jasón: héroe de Tesalia, famoso por conducir la nave Argo y obtener el vellocino de oro. Abandonó a su esposa Medea por Glauca, princesa de Corinto.

Ícaro: un niño que voló demasiado cerca del sol con sus alas.

Ifigenia: princesa de Micenas sacrificada por su padre Agamenón.

Laocoonte: un sacerdote troyano que fue castigado por romper su voto al dios Apolo.

Leda: mujer que Zeus cortejó en forma de cisne. Dio a luz a Helena y a Polideuces por parte de Zeus, y a Cástor y Clitemnestra por parte de su marido Tíndaro.

Leto: la madre de Apolo y Artemisa.

Medea: hija del rey de Cólquida y esposa de Jasón. Más tarde, esposa del rey Egeo de Atenas.

Menelao: rey de Lacedemonia (Esparta) y esposo de Helena en la Ilíada.

Metis: primera esposa de Zeus y madre de Atenea.

Minos: el rey de Creta y padre de Ariadna.

Minotauro: el medio hombre y medio toro del Laberinto. Era una posesión del rey Minos.

Narciso: un hermoso joven que se enamoró de su propio reflejo. Se transformó en una flor.

Oceanus: Titán que era el dios de los océanos.

Edipo: un griego que fue el desafortunado objetivo de una profecía según la cual mataría a su padre y se casaría con su madre, lo que finalmente hizo.

Pegaso: un caballo alado que fue creado con la sangre de la cabeza de Medusa. Se convirtió en la posesión de Perseo.

Perseo: uno de los héroes griegos más famosos, Perseo era hijo de la princesa Dánae de Argos, que fue encarcelada por su padre en un intento de burlar una profecía. Mataría a la Medusa, rescataría a la princesa Andrómeda y acabaría cumpliendo la profecía del oráculo de matar a su abuelo.

Perséfone: esposa de Hades y habitante del inframundo.

Faetón: un hijo de Helios que pidió a su padre que condujera su carro. Fue incapaz de controlar el carro y acabó calcinando la tierra.

Poseidón: dios del mar.

Prometeo: un Tritán que fue castigado por dar fuego al Hombre encadenado a una roca y picoteado por los pájaros.

Rea: esposa de Cronos y madre de Zeus, Hera y la mayoría de los demás dioses y diosas del Olimpo.

Selene: diosa y encarnación de la luna. Más tarde se identificó con Artemisa.

Esfinge: una criatura con alas que era en parte humana y en parte animal.

Teseo: uno de los héroes griegos más famosos. Mató al Minotauro y se convirtió en rey de Atenas.

Tetis: la madre de Aquiles que lo sumergió en las aguas de la Estigia para protegerlo.

Urano: Un Titán y abuelo de Zeus.

Zeus: el rey de los dioses y dios del cielo. El líder del panteón olímpico.

Preguntas frecuentes

1. ¿La mitología y las leyendas griegas se limitaron a la Grecia actual?

El mito y la leyenda griegos se aplicaban al mundo griego, que se extendía más allá de los límites de la Grecia actual. De hecho, hasta el siglo XX, los pueblos de habla griega también vivían en la costa occidental de la actual Turquía, donde llevaban viviendo desde al menos el año 1000 a.C., es decir, unos 3000 años. Como consecuencia de la guerra entre Grecia y Turquía, la mayoría de estos pueblos tuvieron que trasladarse a la actual nación griega.

Pero incluso dejando de lado la costa griega de Turquía, los griegos se habían asentado en toda la región mediterránea. Incluso se habían asentado hasta el Mar Negro, donde habían plantado muchas colonias, la mayoría de ellas fundadas por la ciudad jónica de Mileto. Pero las ciudades más prósperas de la diáspora griega estaban en el sur de Italia y en la isla de Sicilia. Aquí, los griegos encontraron una tierra fértil y poco poblada. Pudieron plantar colonias y cultivar grano que se exportó al resto del mundo griego hasta bien entrada la época romana. La gente que se asentó aquí era griega y llevó consigo las tradiciones griegas a sus nuevos hogares.

2. ¿Cuál fue el período de tiempo asociado a la práctica de la religión griega?

La historia griega se divide en varios periodos. El primero se suele denominar periodo micénico, y fue una primera edad de oro asociada al arte y a los emplazamientos arquitectónicos, como la antigua Micenas, cerca de Argos. Le siguió una Edad Oscura, durante la cual Grecia fue invadida por varias tribus de invasores. Aunque parezca inusual, todos los grupos que vivían en Grecia se consideraban griegos, o helenos, aunque podían proceder de distintos lugares y haberse establecido en Grecia en épocas diferentes.

A la Edad Media le siguió el Período Arcaico, durante el cual los griegos comenzaron a experimentar de nuevo el crecimiento cultural y la prominencia artística. Este periodo también estuvo asociado a la colonización de otras regiones y al inicio de las instituciones democráticas y oligárquicas, ya que la mayoría de los reyes griegos fueron derrocados o desaparecieron. Luego vino la Edad Clásica, que fue la edad de oro de la mitología, el arte y la cultura griegas. Por último, estaba la Edad Helénica, que se produjo cuando Alejandro llevó la cultura griega (y el pueblo griego) a nuevas tierras de Oriente. Este último periodo también se asoció con el ascenso de Roma.

3. ¿Deberían los dioses y diosas griegos y el sistema de creencias asociado ser calificados como una religión o era algo más?

Puede parecer extraño denominar religión a un sistema de creencias mitológico debido a nuestra idea moderna de lo que implica la religión, pero esto es precisamente lo que era este sistema de creencias. La religión implica una creencia espiritual sobre una deidad o deidades y va acompañada de un sistema de culto que suele ser ritual. Aunque los antiguos dioses y diosas griegos tenían vidas que tomaban la forma de lo que hoy podríamos llamar una telenovela, el pueblo griego de la antigüedad creía en este elenco de personajes, y el culto a ellos era una parte fundamental de sus vidas.

Los estudiosos modernos suelen referirse a los mitos y leyendas de los antiguos griegos como la religión de la Antigua Grecia. Muchas religiones modernas son monoteístas, por lo que el común de la gente suele asociar las formas de vida paganas como algo distinto a una religión, como una creencia popular o chamanismo. Ciertamente había elementos terrenales en la religión griega, aunque habían sido exagerados por los elementos patriarcales supuestamente más recientes que se decía que venían de los invasores del norte durante la Edad Media. Sea cual sea tu opinión personal sobre los méritos relativos de la antigua creencia griega, ciertamente cumple con el estándar de la religión.

4. ¿Qué es un epíteto y cuál es el significado de los epítetos en la religión de la Antigua Grecia?

Un epíteto es una descripción que forma parte de un nombre; a veces sigue a un nombre, aunque puede ir antes. Algunos ejemplos son el veloz Aquiles, la Aurora de mejillas rosadas y Afrodita, la nacida de la espuma. Un epíteto es esencialmente un atributo de esa persona, ya sea un dios, un héroe u otro mortal, pero tiene un significado especial porque el atributo concreto es lo suficientemente conocido como para estar estrechamente asociado a esa persona.

Los epítetos eran importantes porque a menudo se asociaban con los dioses y, en este papel, representaban un ámbito de poder y, en consecuencia, de devoción para los dioses. En otras palabras, había muchos epítetos de Zeus que representaban diferentes dominios de este dios. Por lo tanto, Zeus podía tener diferentes funciones en los distintos lugares donde era venerado. Esto era especialmente cierto en el caso de las deidades de origen extranjero, o de las que asumían la identidad de otras deidades regionales. Apolo y Afrodita tenían muchos epítetos asociados a su papel en la región o ciudad concreta donde se les rendía culto.

5. ¿Todos los dioses de la antigua Grecia eran olímpicos?

Todos los dioses principales de la antigua Grecia eran olímpicos, aunque se nos han presentado muchos otros dioses que

no lo eran.

Por ejemplo, los titanes que precedieron a los olímpicos no fueron clasificados como olímpicos. Además, había una serie de dioses, especialmente los que eran personificaciones de cosas, que no se clasificaban como olímpicos. Así, Eos, diosa de la aurora, y Boreas, el viento del norte, no eran considerados olímpicos, en general. Asimismo, Hipnos, el dios del sueño, o Hygeia, diosa de la salud, tampoco habrían sido considerados olímpicos. Incluso cabe debatir si Asclepio, dios de la medicina, era olímpico.

6. ¿Quiénes eran las ninfas y por qué aparecen con tanta frecuencia en la leyenda griega?

Las ninfas son esencialmente los espíritus encarnados de los espacios físicos, incluso si esos espacios eran cambiantes (como el agua). Ocupaban un espacio liminal entre el dios y el mortal. Aunque no se les denomina propiamente semidioses, tenían mucho en común con este grupo en particular.

Los semidioses eran esencialmente los hijos medio mortales de los dioses, y solían tener una vida más larga y unos atributos especiales que los distinguían de los seres humanos. Aunque no ocurre lo mismo con las náyades, las nereidas y otros, es cierto que se creía que estas criaturas o espíritus eran básicamente inmortales en cuanto a la duración de la vida, aunque podían ser asesinados como los mortales.

Ninfa es básicamente el término que engloba a los personajes espirituales tratados en esta parte del capítulo. Las nereidas y las náyades son tipos de ninfas. Las ninfas solían ser representadas (y consideradas) como bellas jóvenes. Se las asociaba con la fertilidad y la fecundidad. Muchos dioses y semidioses eran hijos de ninfas, incluidos personajes como Aquiles. Una ninfa era la joven hermosa asociada a (normalmente) una masa de agua. Una nereida era una ninfa asociada al mar, mientras que una náyade solía asociarse a una estructura acuática discreta, como una fuente. Aunque no existían ciudades ni templos asociados a las ninfas, éstas aparecían con frecuencia en los mitos y leyendas. Los santuarios dedicados a ninfas locales importantes eran habituales en el mundo griego.

7. ¿Existe un elemento de historicidad en el mito griego o todo es inventado?

Se trata de una cuestión interesante e importante. Aunque a primera vista pueda parecer que todos los mitos y leyendas griegos son inventados, los estudiosos creen que algunos personajes, incluso los divinos, podrían haber sido reales. Por ejemplo, los historiadores creen que Teseo y Heracles fueron probablemente personajes reales. Teseo era el rey mitológico de Atenas que derrotó al Minotauro, mientras que Heracles era el hijo de Zeus que superó doce trabajos y acabó convirtiéndose en dios.

Por supuesto, el panorama se vuelve más turbio cuando examinamos otros personajes. Esto se debe a que es casi imposible demostrar (o refutar) que un personaje concreto, incluso uno humano, era real o fantasía. Lo mismo puede decirse de la mitología nórdica. Aquí no siempre está claro si los personajes eran reales o fantásticos, sobre todo porque muchas de las sagas incluían a personas que vivieron realmente, como los reyes de Dinamarca y Noruega, que están atestiguados.

Dado que los antiguos griegos vivieron hace tanto tiempo, es difícil encontrar pruebas de que esta persona haya vivido o no.

Basta con decir que es seguro asumir que algunos reyes y héroes antiguos del mito, como Menelao y Agamenón de la Guerra de Troya, podrían haber vivido, mientras que otros como Aquiles o Héctor podrían haber sido creados por los narradores.

8. ¿Y la guerra de Troya? ¿Fue un acontecimiento histórico real?

Esta es una advertencia perfecta para una discusión sobre la Guerra de Troya. Como hemos examinado hasta ahora, es difícil decir quiénes vivieron o no en el mito, sobre todo cuando se trata de personajes humanos de los que sabemos que podrían haber vivido realmente. El período de la Guerra de Troya es una época popular para discutir cuando se trata de la historicidad porque los arqueólogos han descubierto hallazgos de Micenas y Troya de aproximadamente la misma época. Los arqueólogos han llegado a etiquetar ciertos hallazgos como pertenecientes a Agamenón o Príamo basándose en sus suposiciones sobre la verdadera identidad de los reyes enterrados, sus tesoros, etc.

Si dejamos de lado a los personajes y hablamos de la Guerra de Troya como acontecimiento, los historiadores sí creen que se libró una guerra en el emplazamiento de Troya, o Ilión. Los arqueólogos han encontrado más de diez ciudades históricas diferentes en el emplazamiento de Troya, lo que significa que las ciudades fueron destruidas y abandonadas sucesivamente y posteriormente construidas. Hay una gran ciudad en el lugar que data del siglo ^{XII} a.C., más o menos la misma época que otra ciudad importante en Micenas, que parece haber sido destruida en ese siglo, lo que llevó al arqueólogo Heinrich Schliemann a creer que no sólo había encontrado Troya, sino que había demostrado que la Guerra de Troya ocurrió realmente.

9. ¿Es cierto que algunos de los dioses griegos se originaron fuera de Grecia?

El origen de este o aquel dios es un tema interesante de explorar porque permite hacerse una idea real del intercambio cultural a lo largo del tiempo. Sólo las sociedades más aisladas no adoptan algunos rasgos de las religiones de sus vecinos. Una excepción importante, por supuesto, es la de los egipcios, que estaban tan adelantados a su entorno que no tenían compañeros de los que tomar prestadas deidades o prácticas religiosas.

Pero los griegos ciertamente adoptaron dioses de otros pueblos durante su historia.

En primer lugar, se cree que los habitantes originales de Grecia adoraban a dioses principalmente femeninos. Se trataba de deidades supuestamente asociadas a la fertilidad, el hogar y la paz. Varias oleadas de invasores trajeron otros dioses, los llamados dioses del cielo, como Zeus. Incluso más tarde, la exposición a pueblos extranjeros trajo a los griegos dioses como Afrodita, Dionisio y otros. Incluso se ha sugerido que algunos dioses de la antigua Grecia podrían haber sido originalmente femeninos y haber sido transformados posteriormente en deidades masculinas.

10. ¿Por qué es importante comprender la historia de la antigua Grecia cuando se habla de mitología?

Conocer la historia de la antigua Grecia cuando se estudia la mitología permite desarrollar un contexto para la historia que conlleva la mitología. Las mitologías proporcionan información valiosa sobre las características de un pueblo, y examinar también la historia permite completar el cuadro.

Por ejemplo, la existencia de dioses masculinos y femeninos en el Olimpo con papeles ligeramente diferentes parece apoyar la idea de que las oleadas de invasiones cambiaron el carácter de la religión de la Antigua Grecia, que pasó de tener elementos matriarcales a ser abrumadoramente patriarcal. Así, el conflicto entre Zeus y Hera puede interpretarse como una tensión entre un nuevo sistema patriarcal y otro matriarcal más antiguo.

11. ¿Quiénes eran los dorios y por qué eran importantes para la historia griega?

Los dorios eran invasores que llegaron del norte durante el periodo de la historia griega conocido como la Edad Media. Fueron uno de los tres grupos principales de griegos durante el periodo clásico, junto con los jonios y los eolios. Estos grupos hablaban diferentes dialectos del griego y tenían prácticas culturales propias. El legado de la invasión dórica quedó patente en la Grecia posterior, especialmente en Esparta, donde los invasores dóricos gobernaron a los nativos conquistados. De hecho, las sucesivas invasiones procedentes del norte pueden haber contribuido al relativo atraso de la decadencia asociada al periodo de la Edad Media.

12. ¿De dónde vienen los griegos?

Las pruebas sugieren que los antiguos griegos descienden de varios pueblos que vivieron en la zona de la actual Grecia en distintas épocas. Los primeros habitantes de Grecia pueden haber sido similares a los primeros habitantes de otras zonas del norte del Mediterráneo, como Italia y Turquía. Estos pueblos se denominan a veces pelasgos, y pueden ser los mismos que los denominados Pueblos del Mar que aparecen en otras fuentes. Estos pueblos habrían sido asimilados o conquistados por sucesivas oleadas de personas.

No está claro cuándo llegó la primera oleada de conquistadores, pero es probable que llegaran en algún momento antes del periodo micénico y de la guerra de Troya, es decir, entre los siglos XIII y XII a.C. Después, Grecia cayó en una Edad Oscura en la que hubo más invasiones. Parece que los conquistadores adoptaron la lengua hablada griega, ya que no hay pruebas de grandes diferencias lingüísticas en la antigua Grecia. Sin embargo, sí hay pruebas de la existencia de dialectos o lenguas regionales (al igual que las lenguas regionales de España e Italia), lo que sugiere la existencia de oleadas de personas procedentes de distintos lugares o, como mínimo, de divergencias a lo largo del tiempo.

En resumen, los griegos descendían, al menos parcialmente, de los primeros habitantes nativos de la península, seguidos de otros que llegaron más tarde y que, en general, se asimilaron a los habitantes originales. Hay pruebas de este cuadro en la imagen de las piezas del rompecabezas de los dioses (patriarcales y matriarcales) en el mito y la leyenda griegos.

13. ¿Era Atenea una diosa importante en el mundo griego, o sólo era importante por su asociación con la ciudad de Atenas?

Una de las cosas más sorprendentes de los dioses y diosas griegos es que tenían afiliaciones regionales. Ciertos dioses y diosas tenían ciudades que eran sagradas para ellos y de las que servían como protectores.

Atenea era la diosa patrona de Atenas, ciudad que llevaba su nombre. Este estatus de patrona significaba que el templo principal de la ciudad estaba dedicado a ese dios o diosa, y debía estar en un lugar prominente de la ciudad, normalmente la acrópolis.

En el caso de Atenea, parece ser una diosa importante en el mundo griego, pero su estatus mejoró sin duda por la prominencia de Atenas. El lugar que ocupaba Atenas como la mayor y más importante ciudad griega permitió embellecer el templo de Atenea, el Partenón, hasta convertirlo en uno de los más grandes del mundo griego. El culto a Atenea también se difundiría mediante la propaganda en forma de estatuas y otros objetos artísticos. Incluso el teatro era una forma de promover el estatus de un dios frente a otro.

14. ¿Es Zeus básicamente el equivalente a Odín en el mito nórdico?

Las sociedades patriarcales suelen tener un dios del cielo que suele ser también el rey de los dioses. Esto era cierto tanto para los antiguos griegos como para los nórdicos. Así que, en resumen, sí, Odín es básicamente el equivalente nórdico de Zeus.

En la tradición nórdica, Odín se llamaba el Padre Todo, y básicamente modelaba el papel que debía desempeñar el varón ideal en su comunidad.

Por lo tanto, en las sociedades patriarcales era importante que los dioses y su relación entre ellos sirvieran de modelo de cómo debían ser las relaciones en la sociedad. Al igual que Odín, Zeus era el rey de su castillo, aunque el castillo de Zeus se llamaba Monte Olimpo mientras que el de Odín era conocido como Asgard.

15. ¿Por qué la mitología griega es menos popular en los medios de comunicación modernos que los personajes nórdicos como Thor?

Bueno, no es necesariamente cierto que los personajes mitológicos griegos sean menos populares o menos influyentes que los nórdicos. La mitología nórdica se ha promocionado recientemente porque un personaje concreto (Thor) se ha asociado a una franquicia muy popular y apreciada. Dicho esto, los personajes de la antigua Grecia también ocupan un lugar destacado tanto en los medios de comunicación como en la literatura. En particular, Heracles (o Hércules, como se le conocía en Roma) ha sido un personaje popular en el cine desde que las películas se hicieron populares. Se han hecho películas sobre este personaje hasta la actualidad.

Incluso películas relativamente recientes como *Furia de Titanes se basan* en el mito griego. Esta película es esencialmente la historia de la batalla de Perseo contra la gorgona Medusa y otras, que eran historias importantes en la antigua Grecia.

Estas historias suelen estar muy dramatizadas, pero siguen reflejando tanto el papel de los dioses en la sociedad como el del héroe.

Como la sociedad moderna se construye de forma diferente, tanto el elemento religioso como el elemento del héroe han perdido su significado esencial y se han relegado básicamente al ámbito de la fantasía.

16. ¿Qué impacto ha tenido la religión de la Antigua Grecia en la vida y la sociedad actual?

Los antiguos griegos fueron los primeros en producir el drama tal y como lo conocemos. Los dramas de los griegos mostraban a los personajes del mito griego y su interacción con los dioses. El hilo conductor de los dramas griegos era a menudo la arrogancia, es decir, el orgullo contra los dioses. Un oráculo proclamaba un futuro ordenado por los dioses y los mortales orgullosos hacían todo lo posible por evitarlo. Al final, sus intentos de impedir el futuro que el oráculo declaraba sólo servían para crearlo. Esto se ve no sólo en Edipo, sino en otros dramas griegos.

Otro ámbito de influencia griega actual es el de la filosofía. Los filósofos griegos sentaron las bases de la filosofía actual. Desarrollaron el método de instrucción de los estudiantes e incluso crearon las primeras escuelas de filosofía. Aunque la filosofía de la antigua Grecia no estaba tan ligada al mito y la leyenda como el drama, fue el mundo del mito y la superstición el que creó los primeros filósofos y poetas: hombres que querían romper con un mundo que veían sumido en la ignorancia y el atraso.

17. ¿Es la mitología griega la misma que la romana?

La mayoría de los dioses y otros personajes de la mitología romana proceden de los griegos. Los romanos habrían estado expuestos a los mitos griegos y a otros aspectos de la cultura griega a partir del siglo VI o VII a.C. aproximadamente. Fue en esta época cuando los griegos comenzaron a establecer colonias en el sur de Italia y en Sicilia. Grecia tuvo un enorme impacto en los romanos, y la religión es sólo el ejemplo más evidente. Dicho esto, los romanos no obtuvieron toda su religión de los griegos.

De hecho, podemos hablar de la religión romana de la misma manera que podemos hablar de la religión griega. La religión romana no era periférica a la vida romana, al igual que la religión griega no era periférica a la vida griega. Lo más importante es que los romanos adoraban a dioses que no derivaban de los griegos. Si estos dioses procedían de los etruscos o eran originarios de los propios romanos es una cuestión que aún se debate. Algunos de los dioses romanos eran claramente de origen muy antiguo. A menudo se agrupaban en grandes grupos, y podían carecer de rostro o de una identidad propia como individuos. Algunos ejemplos de dioses romanos agrupados son los Lares. Los romanos también practicaban una forma de culto a los antepasados.

18. ¿Cómo se extendieron los mitos y leyendas griegos a Roma?

El mito y la leyenda griegos se extendieron a Roma a través del contacto
entre griegos y romanos. Este contacto se produjo por la proximidad de las colonias griegas a la floreciente Roma. Algunas de estas ciudades siguen existiendo hoy en día, como Nápoles y Tarento en el sur de Italia, y Siracusa en Sicilia. Los mercaderes romanos y otros viajeros habrían estado expuestos no sólo a los mitos griegos sobre dioses y héroes, sino también a los dramas griegos, al arte griego y a la tradición histórica griega. Aunque estas dos últimas categorías no eran explícitamente mitológicas, habrían contribuido a reforzar los mitos y leyendas que los romanos ya habían empezado a recibir de los griegos.

19. ¿Dónde se encuentran los templos griegos mejor conservados?

Hay muchos ejemplos de templos en la Grecia actual. Por ejemplo, el Partenón, el Teseo, el Erecteo y otros templos de Atenas se han conservado y son visitados con frecuencia por los turistas. También hay otros lugares, como Corinto y Rodas, donde se conservan complejos de templos.

Dicho esto, algunos de los mejores ejemplos de templos griegos y otros tipos de arquitectura griega existen en realidad fuera de la Grecia actual. Hay numerosos lugares en Turquía, como Éfeso, Halicarnaso, Priene y otros, en los que son visibles restos grecorromanos. Sin duda, los sitios de templos mejor conservados se encuentran en Italia, donde se pueden encontrar numerosos templos.

20. ¿Son exactas las representaciones de los dioses griegos en películas como Furia de Titanes y Los Inmortales o es todo inventado para conseguir un efecto dramático?

Es difícil para nosotros hoy en día saber realmente cómo percibían los griegos a sus dioses, aunque podemos adivinarlo. El teatro, el arte y otros medios griegos nos dan una idea de cómo los griegos percibían a sus dioses tanto física como intelectualmente. Los griegos parecían ver a sus dioses como personas pendencieras y a veces volubles, pero como eran poderosos y, francamente, dioses, había que obedecerlos o los que no lo hacían se arriesgaban a sufrir las consecuencias.

En películas como *Furia de Titanes* los dioses griegos son representados de forma muy parecida a como lo son en el arte. También tienen la veleidad y la obsesión por los humanos que parecen sugerir las obras de teatro y literatura. En resumen, las películas parecen hacer un buen trabajo mostrando a los dioses tal y como los veían los griegos, aunque el significado que estos dioses tendrían para la gente de hoy sea muy diferente.

21. ¿Quién era el dios más importante del panteón griego?

Hay un fuerte componente regional en gran parte del culto a los dioses en el mundo griego. Así, Atenea era importante en ciertos lugares y Artemisa en otros.

Pero los principales dioses y diosas verían su culto generalizado en el mundo griego. Por ejemplo, porque la mayoría de

Los griegos vivían cerca del mar (incluyendo a muchas personas que vivían en islas), Poseidón era adorado prácticamente en todas partes.

Lo mismo ocurría con dioses como Dionisio y Hermes. Pero podría decirse que los dos dioses más importantes eran Zeus y Apolo.

Aunque Apolo encarnaba la masculinidad, habría que decir que Zeus, como rey de los dioses, era el más importante. Su templo en Olimpia, donde se celebraban los Juegos Olímpicos, era uno de los más grandes del mundo griego. Tenía una gran estatua de oro y marfil, que representaba a Zeus sentado en un trono. De hecho, los Juegos Olímpicos se celebraban para honrar a Zeus. Aunque había otros juegos en varias ciudades del mundo griego, como los Juegos Ístmicos celebrados en Isthmia, cerca de Corinto, los Juegos Olímpicos eran los más importantes.

Pero volviendo a Zeus... Zeus era el rey de los dioses y también estaba asociado con el cielo. También tenía un papel en el clima, ya que los griegos creían que los rayos eran lanzados a la tierra por Zeus. Zeus no sólo era el rey de los dioses, sino también el padre de muchos de ellos. Zeus aparece en muchos mitos de los antiguos griegos, aunque esté al margen interfiriendo de un modo u otro. El papel que desempeña Zeus se hace eco del papel de un rey-padre en las sociedades patriarcales, como lo eran tanto Grecia como Roma. En Roma, Zeus era conocido como Júpiter.

Por muy poderoso que fuera Zeus, no estaba solo al frente de su tribu de olímpicos. Tenía que compartir su papel con Hera, su esposa. Por ello, Hera desempeña un papel más importante que las diosas-esposas de otras mitologías, como la nórdica, por ejemplo. El papel de Hera es algo que los escritores griegos nunca permitieron olvidar a sus lectores. Zeus presidía a los dioses del Olimpo junto a Hera. De hecho, Zeus a menudo tenía que arreglar los problemas que Hera creaba. Por supuesto, la mayoría de estos "problemas" tienen su origen en el ojo errante de Zeus, que servía como detonante constante de la ira de su esposa, Hera.

22. ¿Quiénes eran las Amazonas?
Las Amazonas eran famosas guerreras que, según se decía, vivían en el confín del mundo, lo que para algunos significaba Asia Menor, mientras que otros las situaban en África. Las amazonas estaban bajo la protección especial de Artemisa, una diosa que consideraba sagrada la caza y todas las cosas salvajes.

Como las amazonas eran un tanto salvajes, al menos en la forma incivilizada en que vivían, parece sensato que estuvieran bajo su protección.

Se dice que las amazonas secuestraban a los hombres y los utilizaban como sementales para engendrar hijos fuertes. Sólo seleccionaban a los mejores hombres para esta tarea. Naturalmente, la sociedad patriarcal griega veía esta práctica (y a las mujeres que se dedicaban a ella) con horror. Algunos sostienen que el mito de las amazonas podría tener su origen en las guerreras escitas que vivían en las estepas rusas.
Es posible que contaran con mujeres guerreras en sus filas, lo que proporcionó abundante material imaginativo al público de la antigua Grecia, que parecía inclinado a creerlo todo.

Había muchas leyendas sobre las Amazonas. Algunos escritores afirmaban que las guerreras se cortaban uno de los pechos para poder utilizar mejor el brazo del arco. Aunque esta historia se cuenta comúnmente, ha sido retratada en el arte antiguo.

23. ¿Quiénes eran los semidioses?
Semidiós era un término que englobaba a los hijos de los dioses que no eran dioses. Los hijos de ninfas u otras criaturas semidivinas también podían considerarse semidioses. Los semidioses solían ser engendrados por un padre que era una divinidad y una madre que era una mortal, ninfa u otros personajes no divinos.

Los semidioses recibían un nombre especial porque a menudo tenían atributos divinos asociados, como un aspecto bello y agradable, una larga vida, una fuerza superior a la normal o alguna otra habilidad que los diferenciaba de los demás seres humanos corrientes que se encontraban en los mitos y leyendas griegos.

El mito griego es el único que distingue a estos personajes como especiales. En muchas otras mitologías, los hijos de los dioses por parte de los mortales suelen ser simples seres humanos, aunque en algunos casos pueden ser adoptados entre los dioses.

Dado que los dioses eran prácticamente una raza aparte de los seres humanos, parece extraño que se encapricharan tanto de los mortales como para reproducirse con ellos. Había suficientes dioses alrededor como para que Zeus, Apolo y otros pudieran elegir. Más extraño aún es que los dioses no sólo parezcan inclinados a procrear con los mortales, sino que los hijos de estas uniones parezcan ser el objetivo especial de su atención.

24. ¿Cómo se llamaban los argonautas?

Los argonautas eran los guerreros que se aventuraron a la tierra de Cólquida para encontrar el vellocino de oro, la piel dorada de una oveja. Navegaron en la nave Argo y fueron guiados por Jasón. Según el erudito Robert Graves, la siguiente es la lista de hombres y mujeres que emprendieron el viaje.

Acastus

Actor, de Fócida

Admetus, de Pherae

Amphiaraus, de Argos

Ancaeus, de Samos

Argus, constructor naval

Ascalphus, semidiós, hijo de Ares

Asterio, de Pelopia

Atalanta, una cazadora

Augeias, un nativo de Elis

Butes, natural de Atenas

Caeneus, un Lapith

Calais, hijo de Boreas, el Viento del Norte

Canthus, de Euboea

Cástor, junto con Pólux o Polideuces, uno de los Dioscuros

Cefeo, hijo de Aleus de Arcadia

Corionis, otro Lapith

Echion, semidiós, hijo de Hermes

Erginus, un nativo de Mileto

Euphemus

Euryalus

Heracles, semidiós, hijo de Zeus

Hylas, amigo y compañero de Heracles

Idas, de Mesenia

Idmón, semidiós, hijo de Apolo y originario de Argos

Iphicles

Iphitus, de Micenas

Laertes, de Argos

Lynceus, un hermano de Idas

Melampo, semidiós, hijo de Poseidón

Meleager, nativo de Calydon

Mopsus, otro Lapith

Naupilus, semidiós, hijo de Poseidón y originario de Argos

Oileus, hermano de Ajax, un conocido héroe

Orfeo, un poeta

Palaemon, semidiós, hijo de Hefesto

Peleo, un miembro de la raza de los mirmidones

Peneleos, un nativo de Boetia

Periclímeno, semidiós, hijo de Poseidón

Phalerus, un nativo de Atenas

Fanus, semidiós, originario de Creta e hijo de Dionisio

Poeas, nativo de Magnesia

Polideuces (o Pólux), hermano de Cástor y uno de los Dioscuros

Polifemo, un nativo de Arcadia

Staphylus, nativo de Creta y hermano de Phanus

Typhus, el timonel del Argo

Zetes, otro hijo de Boreas

25. ¿Quiénes eran los intereses amorosos de Zeus?

Zeus, como rey de los dioses, tenía muchos intereses amorosos. Entre ellos estaban sus dos esposas, además de otros. Los intereses amorosos de Zeus eran los siguientes: Metis, primera esposa y madre de Atenea; Hera, madre de Hefesto, Ares y Hebe; Electra; Eurínome; Io; Leda; Leto; Maia; Mnemosyne; Temis; Antíope; Dánae; Niobe; Sémele. También estaban Deméter y Lamia, cuyos hijos fueron asesinados por Hera.

26. ¿Quiénes eran los hijos de Zeus?

Zeus fue el padre de Atenea, Hera, Hefesto y Hebe. De una tal Electra, Zeus fue el padre de Harmonía. Zeus fue padre de las Tres Gracias por Eurínome. Leto fue la madre de Apolo y Artemisa. Hermes fue el hijo de Zeus con Maia.

Mnemosyne era la madre de las Musas, todas ellas hijas. Temis, la encarnación de la ley, dio a luz a varios hijos, entre ellos las Horae, Eunomia, Dike, las Parcas y Eirene, cuyo nombre significa paz. Los hijos de Zeus con mujeres mortales son Anfión, Zeto, Perseo, Epafio, Cástor, Pólux (o Polideuces), Argos (que fundó la ciudad de Argos) y Dionisio, que era hijo de Sémele.

27. ¿Cuáles fueron los doce trabajos de Heracles (Hércules)?

Primer trabajo: El León de Nemea

Segundo Trabajo: La Hidra de Lernea

Tercer trabajo: El jabalí de Erymanthus

Cuarto Trabajo: La cierva de Ceryneia

Quinto Trabajo: Los pájaros de Stymphalian

Sexto Trabajo: Los establos de Augean

Séptimo Trabajo: El Toro Cretense

Octavo Trabajo: Los caballos de Diomedes

Noveno Trabajo: La faja del Amazonas

Décimo Trabajo: El ganado de Geryon

Undécimo Trabajo: El robo de Cerberus

El duodécimo trabajo: Las manzanas de oro de Hesperides

Conclusión

Los mitos y leyendas griegos seguirán fascinando a adultos y niños de todo el mundo durante muchos años. Puede parecernos extraño, pero para los antiguos griegos estas historias de dioses y héroes, de monstruos y ninfas, de deidades furiosas que se vengan de los mortales orgullosos: no eran fantasías, sino acontecimientos de la religión real. Los antiguos griegos contaban y escuchaban estas historias como parte de un ritual que les enseñaba a vivir. Los mitos griegos enseñaban a los hombres y mujeres de la Antigua Grecia cómo relacionarse con los dioses y qué esperar de la vida.

La religión de la antigua Grecia nos ha llegado hoy en forma casi completa. Es decir, sabemos mucho más sobre la religión de la antigua Grecia que, por ejemplo, sobre la religión de los antiguos egipcios o de los etruscos. De hecho, la religión de la antigua Grecia y la fascinación que suscita es sólo una de las formas en que los pueblos que vivieron hace más de dos mil años siguen influyendo en nosotros hoy en día. Vemos a nuestro alrededor la influencia griega en el arte y la arquitectura, pero también la vemos en nuestras tradiciones filosóficas y teatrales. Aunque parezcan ámbitos distintos los que nos han dejado los griegos, en realidad representan distintas caras de una misma moneda.

Para conocer a los griegos, primero hay que conocer el mundo en el que vivían. El mundo griego existe hoy de forma similar a como lo hacía hace miles de años. La península griega es una tierra rocosa y en su mayoría inhóspita abrazada por el mar. Está formada por muchas islas en cuyas costas abunda el pescado y todos los demás productos del mar. El pueblo griego de antaño era tan laborioso como el de hoy. También eran belicosos, y guerreaban entre ellos con tanta animación que eran presa fácil del creciente poder de Roma.

En el centro del mito y la leyenda de la antigua Grecia estaban los propios dioses. Los principales dioses de la antigua Grecia eran los olímpicos, pero había muchos otros, entre los que podemos contar los espíritus de los ríos, los árboles y los mares, conocidos respectivamente como ninfas, dríadas y nereidas. También estaban los dioses de los cuatro vientos, las Parcas, las Musas y muchos otros. Los principales dioses eran Zeus, Apolo y Atenea, pero Hera, Dionisio, Afrodita y Hermes, entre otros, eran adorados y temidos en todo el mundo griego.

Al igual que en otras mitologías, los dioses tuvieron muchos hijos. Y no discriminaban, pues les gustaban tanto las mujeres mortales como las diosas y las ninfas. Muchos mitos griegos se centran en los hijos de los dioses, y algunos de los héroes más famosos de la mitología griega eran hijos de este tipo.

Así que ninguna exploración de la mitología griega estaría completa sin detallar las vidas de Heracles, Perseo y Helena, todos ellos hijos de Zeus, el rey de los dioses.

Estos héroes eran otro segmento importante del mito griego, junto a los dioses. De hecho, se podría incluso argumentar que, en lo que respecta al simbolismo esencial del mito griego y a la finalidad que tenía en la sociedad, los héroes eran más importantes que los dioses, aunque fueran héroes dudosos como Edipo. Estos personajes instruían a los griegos de la época sobre lo que era la vida y cómo afrontarla. La civilización griega podría haber sido muy diferente si su imaginación no hubiera creado personajes tan sorprendentes.

Al final, la mitología griega se presenta como un drama elaborado, pero es más que eso. La historia de los Doce Trabajos de Heracles era en realidad una serie de lecciones sobre cómo afrontar los sinsabores de la vida. La guerra de Troya fue otra lección sobre los aspectos fundamentales de la humanidad. Los hombres iban a la guerra por las mujeres. Los hombres discutían entre sí por diversas y variadas tonterías. Y los hombres siempre tuvieron que responder por actos injustos, como Agamenón tuvo que responder por el sacrificio de Ifigenia.

www.ingramcontent.com/pod-product-compliance
Lightning Source LLC
Chambersburg PA
CBHW051705160426
43209CB00004B/1029